Primatology

Word Search Puzzles for the Naturalist's Soul

Nola Lee Kelsey

Soggy Nomad Press
Las Vegas, NV, USA

ISBN: 978-1-957532-36-3

Cover design by Nola Lee Kelsey

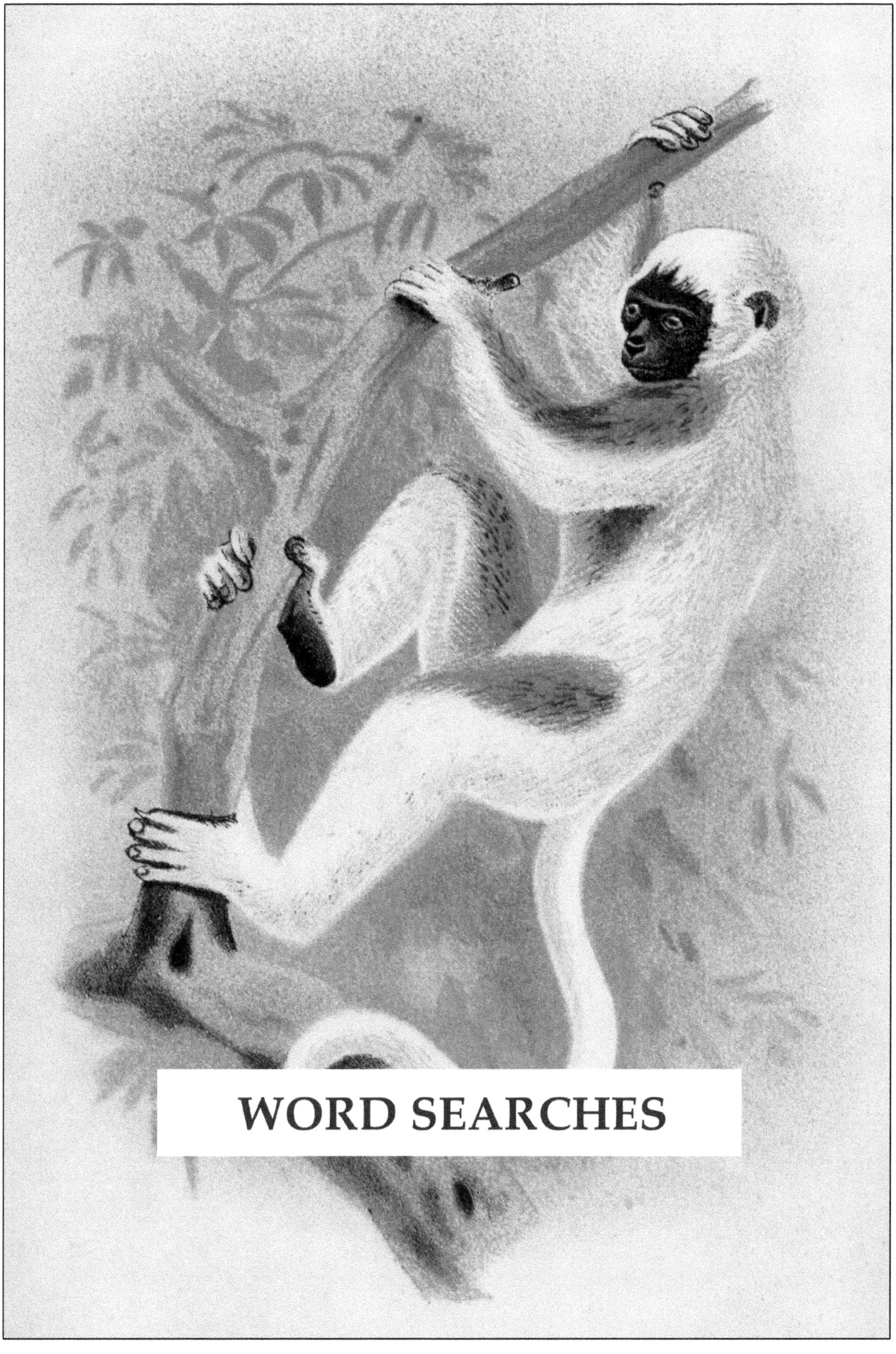

WORD SEARCHES

Word Search #1

Primate Highlights

U	P	K	O	A	H	A	P	L	O	R	R	H	I	N	I	P	T
H	G	I	N	H	I	Y	E	V	O	L	U	T	I	O	N	I	G
G	E	E	X	U	U	U	G	G	X	F	J	D	M	M	L	I	L
E	E	K	N	R	Z	M	I	Z	B	H	M	O	N	K	E	Y	S
L	V	K	S	E	S	X	A	H	A	B	I	T	A	T	M	K	F
O	O	H	T	R	T	A	H	N	O	T	D	E	W	A	U	P	O
R	L	D	R	S	J	I	O	R	S	S	T	N	Q	G	R	R	S
I	U	X	E	O	N	X	C	A	M	J	Z	G	X	M	I	I	S
S	T	H	P	W	C	N	B	S	R	T	L	Z	U	Q	F	M	I
I	I	N	S	H	W	E	O	P	R	W	K	L	M	Z	O	A	L
F	O	M	I	Q	L	W	L	B	E	H	A	V	I	O	R	T	S
O	N	L	R	N	O	W	D	Z	J	F	H	Y	N	X	M	O	V
R	H	H	R	L	Z	O	W	R	G	D	X	A	Y	S	E	L	S
M	O	F	H	B	T	R	O	V	J	F	N	A	P	E	S	O	L
E	W	S	I	F	A	L	R	O	L	D	F	G	U	G	C	G	N
S	U	M	N	X	E	D	L	T	U	T	K	N	Y	J	R	Y	P
I	I	H	I	H	W	O	D	N	Y	P	L	I	W	Y	C	V	L
T	P	J	O	I	J	Z	M	K	Y	O	L	O	G	G	Z	M	S

APES
DNA
FOSSILS
HABITAT
HUMANS
LORISIFORMES
NEW WORLD
PRIMATOLOGY
BEHAVIOR
EVOLUTION
GENETICS
HAPLORRHINI
LEMURIFORMES
MONKEYS
OLD WORLD
STREPSIRRHINI

Word Search #2

Primate Sampler

P	I	N	T	D	C	U	T	O	E	G	U	E	N	O	N	D	O
K	M	U	I	C	A	M	O	X	C	O	L	O	B	U	S	Q	V
A	C	H	M	T	A	Q	Y	I	S	M	P	G	T	R	M	L	B
G	O	R	I	L	L	A	R	I	L	B	C	L	E	M	U	R	G
K	L	C	Y	T	W	A	Q	D	O	A	U	L	L	Y	L	O	S
Z	X	P	Q	X	K	S	A	O	D	I	W	K	M	P	X	R	J
K	D	F	E	A	B	P	O	T	T	O	X	M	A	H	G	A	O
B	P	I	U	W	O	J	W	M	H	E	O	X	R	P	T	N	R
P	A	K	O	K	N	N	M	A	T	M	X	I	M	R	A	G	Y
D	F	B	Y	I	O	D	A	N	A	K	R	P	O	O	R	U	B
W	D	M	O	P	B	M	R	G	L	N	B	W	S	B	S	T	I
N	H	X	U	O	O	L	F	A	O	O	S	I	E	O	I	A	T
X	Y	L	N	Q	N	Q	I	B	F	L	R	H	T	S	E	N	R
E	G	Q	A	T	A	V	B	E	Q	W	P	I	H	C	R	I	L
T	B	S	U	N	J	I	B	Y	I	I	M	V	S	I	T	F	R
B	U	H	S	D	G	T	A	M	A	R	I	N	M	S	D	Q	C
Y	B	S	C	H	M	U	W	A	L	T	Y	U	V	B	J	Q	O
V	B	A	Z	U	P	V	R	C	H	I	M	P	A	N	Z	E	E

BABOON
CHIMPANZEE
GIBBON
GUENON
LANGUR
LORIS
MARMOSET
POTTO
BONOBO
COLOBUS
GORILLA
HOWLER
LEMUR
MANGABEY
ORANGUTAN
PROBOSCIS
TAMARIN
TARSIER
UAKARI

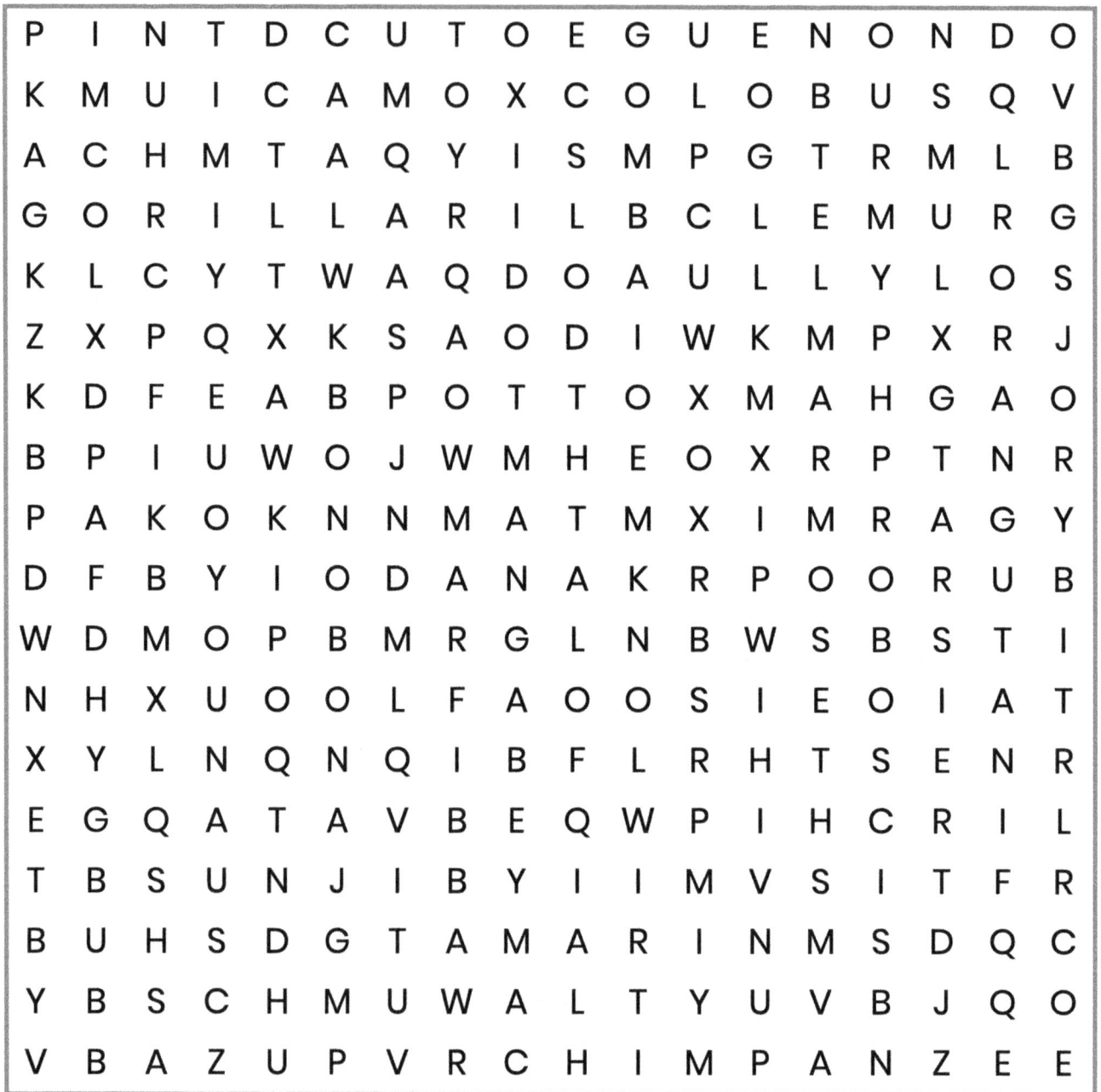

Word Search #3

Evolutionary Words Part 1

R	E	Y	P	R	O	S	I	M	I	A	N	L	F	J	J	T	T
R	P	I	N	S	E	C	T	I	V	O	R	E	H	U	Y	N	Z
V	L	K	P	F	A	D	A	P	I	D	A	E	K	P	J	O	T
S	E	H	O	M	O	M	Y	I	D	A	E	B	L	Y	U	W	T
V	S	U	J	P	B	A	O	C	F	J	W	C	X	P	E	G	A
O	I	P	L	A	C	E	N	T	A	L	M	H	N	N	K	M	D
P	A	M	M	W	D	U	W	C	T	T	V	F	E	K	L	I	A
R	D	E	L	E	A	E	O	C	E	N	E	C	L	A	E	R	P
A	A	S	A	N	H	R	S	M	X	S	O	L	E	D	G	F	T
D	P	O	L	D	I	Y	M	A	X	E	T	R	Y	Y	Y	J	I
I	I	Z	W	O	Q	Y	U	I	L	Q	O	O	C	U	U	C	V
A	F	O	G	R	R	O	S	A	N	B	V	F	R	N	P	Y	E
T	O	I	M	G	T	O	P	K	R	G	Z	F	E	S	H	Z	J
I	R	C	I	O	D	W	O	A	P	B	U	H	Y	Y	A	O	F
O	M	N	R	H	Z	Y	V	D	T	U	N	O	V	N	E	N	S
N	E	P	R	J	V	G	R	A	S	P	I	N	G	B	E	E	K
E	S	D	C	F	E	W	R	I	G	C	L	G	X	D	T	D	F
N	O	B	H	E	V	O	L	U	T	I	O	N	M	F	A	N	H

ADAPIDAE
ANCESTORS
EOCENE
GRASPING
MESOZOIC
PALEOCENE
PLESIADAPIFORMES
PROTO
ADAPTIVE
ARBOREAL
EVOLUTION
INSECTIVORE
OMOMYIDAE
PLACENTAL
PROSIMIAN
RADIATION
WARMING

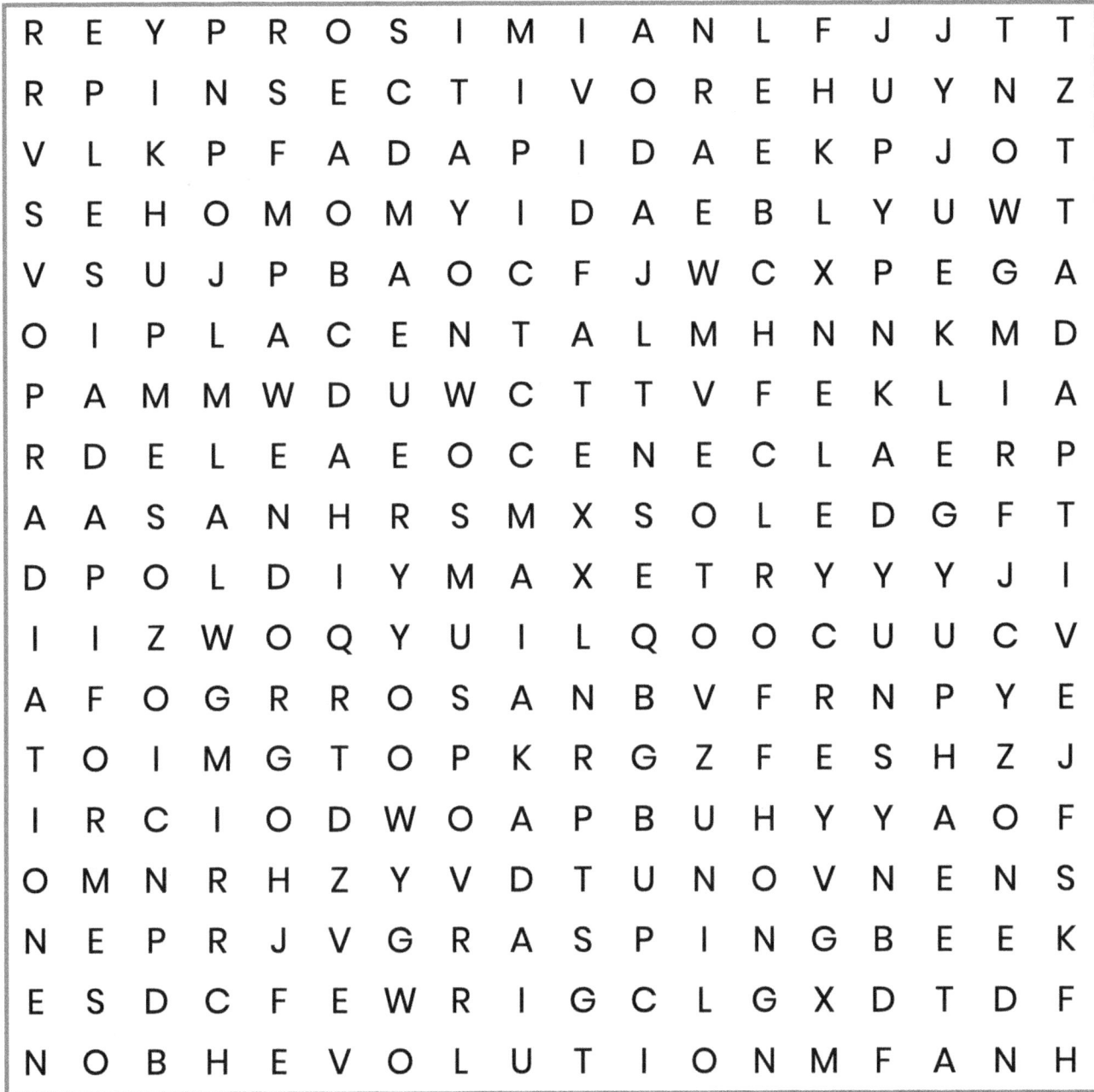

Word Search #4

Evolutionary Words Part 2

A	I	J	J	Y	H	E	B	R	I	F	T	V	A	L	L	E	Y
E	B	J	F	N	O	L	I	G	O	C	E	N	E	Q	F	M	B
G	A	R	M	K	F	U	M	J	T	E	K	H	A	I	U	W	N
Y	E	G	A	B	J	A	J	U	Z	T	Y	H	B	S	V	Q	D
P	B	S	N	I	O	T	V	W	E	D	B	E	E	K	R	Q	C
T	J	A	V	R	N	U	T	A	G	K	Z	N	S	H	S	I	L
O	H	V	H	Z	R	S	W	O	A	A	I	L	F	R	I	Q	I
P	O	A	B	C	I	B	C	T	Q	C	A	H	E	C	X	I	M
I	M	N	V	A	Q	P	R	W	E	N	W	L	U	B	X	T	A
T	I	N	D	W	H	N	N	H	R	C	L	D	S	W	Z	G	T
H	N	A	O	T	B	E	T	U	M	E	T	M	R	N	R	C	E
E	I	S	W	Y	M	I	I	U	W	R	N	O	K	I	P	Y	W
C	N	L	Z	A	P	D	I	D	Z	F	I	J	N	Q	F	T	W
U	S	E	R	O	B	D	E	I	Z	P	M	W	S	I	N	T	L
S	B	O	Y	J	I	E	M	I	O	C	E	N	E	N	C	T	N
F	F	R	Q	P	R	A	N	T	H	R	O	P	O	I	D	E	A
Q	D	O	A	T	T	A	S	E	L	E	C	T	I	V	E	J	W
J	Y	Q	T	S	M	A	M	X	K	F	W	J	U	J	Z	W	O

AEGYPTOPITHECUS
APIDIUM
CLIMATE
DRIFT
EYES
HOMININS
OLIGOCENE
SAVANNAS
ANTHROPOIDEA
BRAINS
DIURNAL
DRYOPITHECINES
FORAMEN
MIOCENE
RIFT VALLEY
SELECTIVE
TECTONIC
TREE DWELLERS

Word Search #5

Asian Primate Meetup

B	F	T	G	Z	B	Z	S	N	U	B	N	O	S	E	D	C	S
I	N	W	D	M	N	X	Q	K	D	S	G	M	A	L	T	O	N
I	D	K	D	O	S	G	V	X	I	K	D	Q	U	E	B	U	P
B	S	K	W	R	U	N	N	R	M	A	C	A	Q	U	E	S	G
J	I	Q	P	S	N	C	O	U	X	D	S	P	Z	B	K	D	O
D	A	D	H	S	Z	L	S	A	W	B	D	T	Z	F	X	U	L
P	M	Y	R	P	W	X	V	D	I	M	Q	W	S	V	Y	K	D
R	A	C	P	O	F	D	S	D	U	S	K	Y	L	E	A	F	E
O	N	Q	L	M	Z	Y	C	P	Y	N	U	R	P	D	O	T	N
B	G	S	Z	W	B	P	V	A	N	T	P	T	L	T	M	U	L
O	P	I	G	T	A	I	L	E	D	A	F	A	S	L	E	L	A
S	E	U	J	T	V	F	M	O	X	V	H	R	N	H	A	S	N
C	V	S	B	E	H	G	I	B	B	O	N	S	J	L	V	A	G
I	J	A	V	A	N	L	A	N	G	U	R	I	Q	Q	K	Z	U
S	W	T	X	M	C	R	B	T	K	K	I	E	D	Q	E	I	R
Q	M	D	U	Q	I	M	A	O	W	A	K	R	I	P	I	X	W
X	I	S	U	S	H	M	H	U	A	Y	U	S	O	A	U	J	V
R	S	E	H	T	Q	H	X	O	R	A	N	G	U	T	A	N	E

DOUC
GIBBONS
JAVAN LANGUR
ORANGUTAN
PROBOSCIS
SLOW LORIS
TARSIERS
DUSKY LEAF
GOLDEN LANGUR
MACAQUES
PIG-TAILED
SIAMANG
SNUB-NOSED

Word Search #6

African Primate Meetup

F	L	T	A	L	A	P	O	I	N	S	I	R	Y	T	J	T	M
U	E	W	R	V	O	U	D	C	O	L	O	B	U	S	S	A	W
F	W	U	I	G	S	O	X	D	A	S	A	L	A	C	P	A	H
S	N	T	L	A	C	T	P	I	P	A	P	U	Y	W	O	J	K
X	T	P	T	M	Z	W	T	M	W	C	O	Y	Z	P	T	W	P
E	L	A	L	E	Y	J	I	S	X	H	T	C	I	X	N	M	U
A	P	W	Z	Q	Z	H	G	G	O	F	T	Z	C	S	O	O	T
N	T	E	Q	N	C	V	S	O	P	H	O	M	V	P	S	U	T
G	A	C	O	L	O	B	U	S	R	R	F	R	T	K	E	S	Y
W	N	R	C	M	S	R	M	D	M	R	E	P	S	S	D	T	N
A	T	R	L	A	O	D	S	Z	W	W	I	U	A	S	X	A	O
N	A	B	O	N	D	A	Y	R	V	W	O	L	S	L	I	C	S
T	L	C	V	D	W	Z	D	W	Y	U	N	C	L	S	S	H	E
I	U	Q	L	R	D	J	F	F	M	X	C	E	L	A	S	E	D
B	S	T	Z	I	M	R	Z	V	E	R	V	E	T	H	Y	D	Z
O	Y	E	D	L	G	B	U	S	H	B	A	B	I	E	S	Z	K
D	Y	S	X	L	M	A	N	G	A	B	E	Y	O	V	B	X	N
L	U	Z	M	B	L	U	E	M	O	N	K	E	Y	N	Y	D	D

ANGWANTIBO
BUSHBABIES
COLOBUS
MANDRILL
MOUSTACHED
POTTO
PUTTY-NOSED
TALAPOINS
BLUE MONKEY
CHIMPS
GORRILLA
MANGABEY
PATAS
PREUSSS
SPOT-NOSED
TANTALUS
VERVET

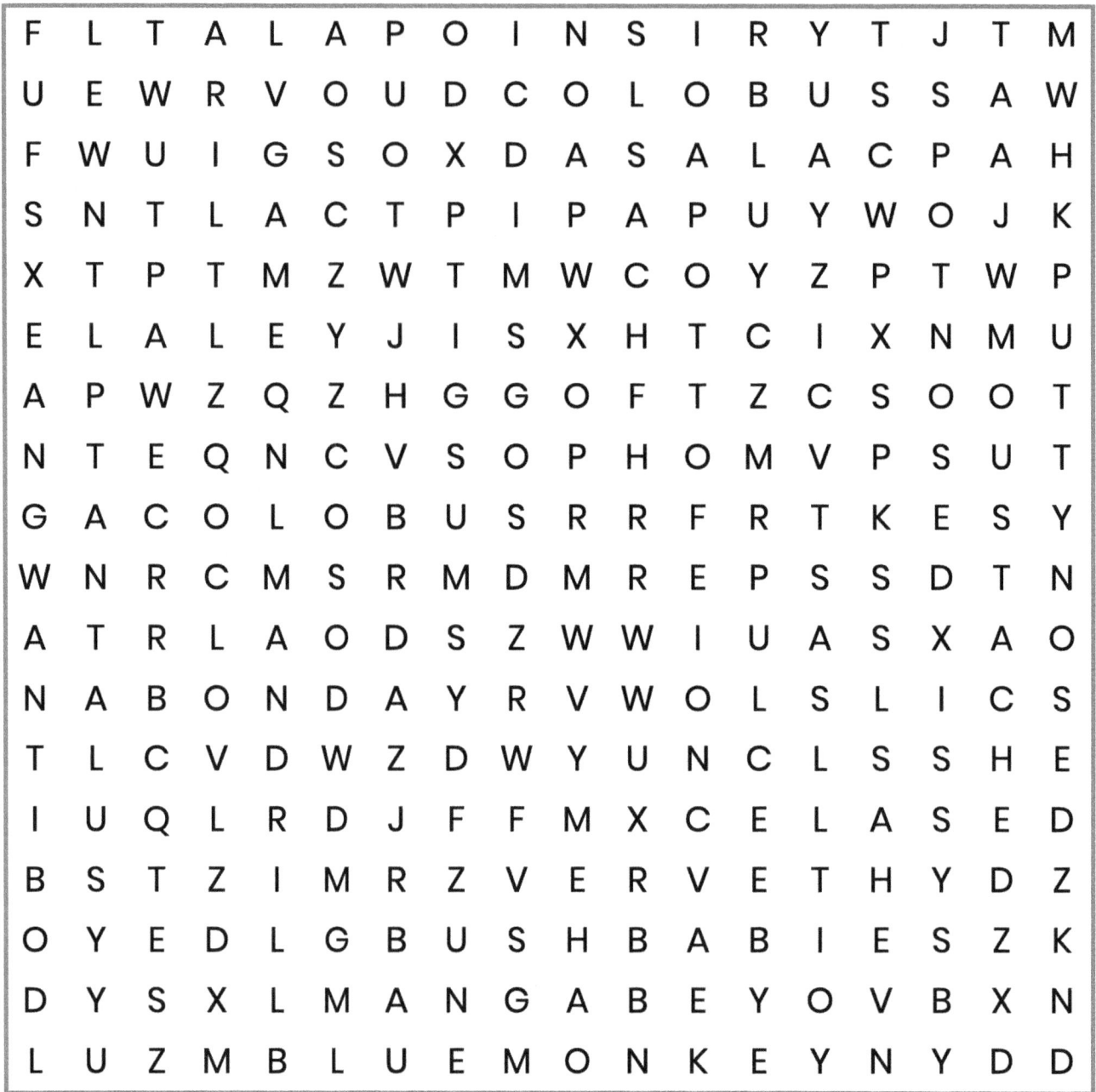

Word Search #7

Neotropical Primate Meetup

A	V	N	C	C	I	L	V	P	L	C	B	Y	I	G	E	E	K
S	H	Z	O	H	Q	N	B	U	F	F	Y	S	A	K	I	G	D
G	B	L	T	U	S	S	K	O	E	I	N	Q	N	I	J	O	A
D	E	M	T	T	V	N	P	F	S	H	R	I	U	Z	D	E	T
R	G	A	O	Q	G	C	C	I	O	H	R	Q	O	B	I	L	R
B	W	R	N	B	H	W	A	Y	X	A	I	P	C	S	I	D	H
X	Y	M	T	Z	Y	A	Q	P	M	R	H	P	I	P	W	I	S
E	N	O	O	S	H	T	X	A	U	U	A	K	A	R	I	S	U
B	W	S	P	B	T	I	T	M	T	C	G	X	N	B	L	M	N
P	D	E	H	O	X	D	Z	E	H	R	H	H	T	F	D	O	P
F	V	T	R	F	E	H	O	W	L	E	R	I	I	L	D	N	V
N	F	S	R	I	H	G	Z	D	U	V	N	T	N	K	P	K	Z
O	V	H	P	U	Q	Z	Y	P	Y	H	I	N	H	Z	O	E	X
E	O	S	A	K	I	N	I	G	H	T	M	O	N	K	E	Y	S
M	W	L	S	Q	U	I	R	R	E	L	H	G	Q	I	S	Z	J
K	H	P	B	L	O	N	D	E	T	I	T	I	V	D	Y	M	O
B	B	A	L	D	U	A	K	A	R	I	P	L	Z	J	X	J	Y
M	A	N	T	L	E	D	H	O	W	L	E	R	R	Z	N	B	C

BALD UAKARI
BUFFY SAKI
COTTON-TOP
HOWLER
MARMOSETS
NIGHT MONKEYS
SAKI
TITI
BLONDE TITI
CAPUCHIN
GOELDIS MONKEY
MANTLED HOWLER
MURIQUI
PIED TAMARIN
SQUIRREL
UAKARIS

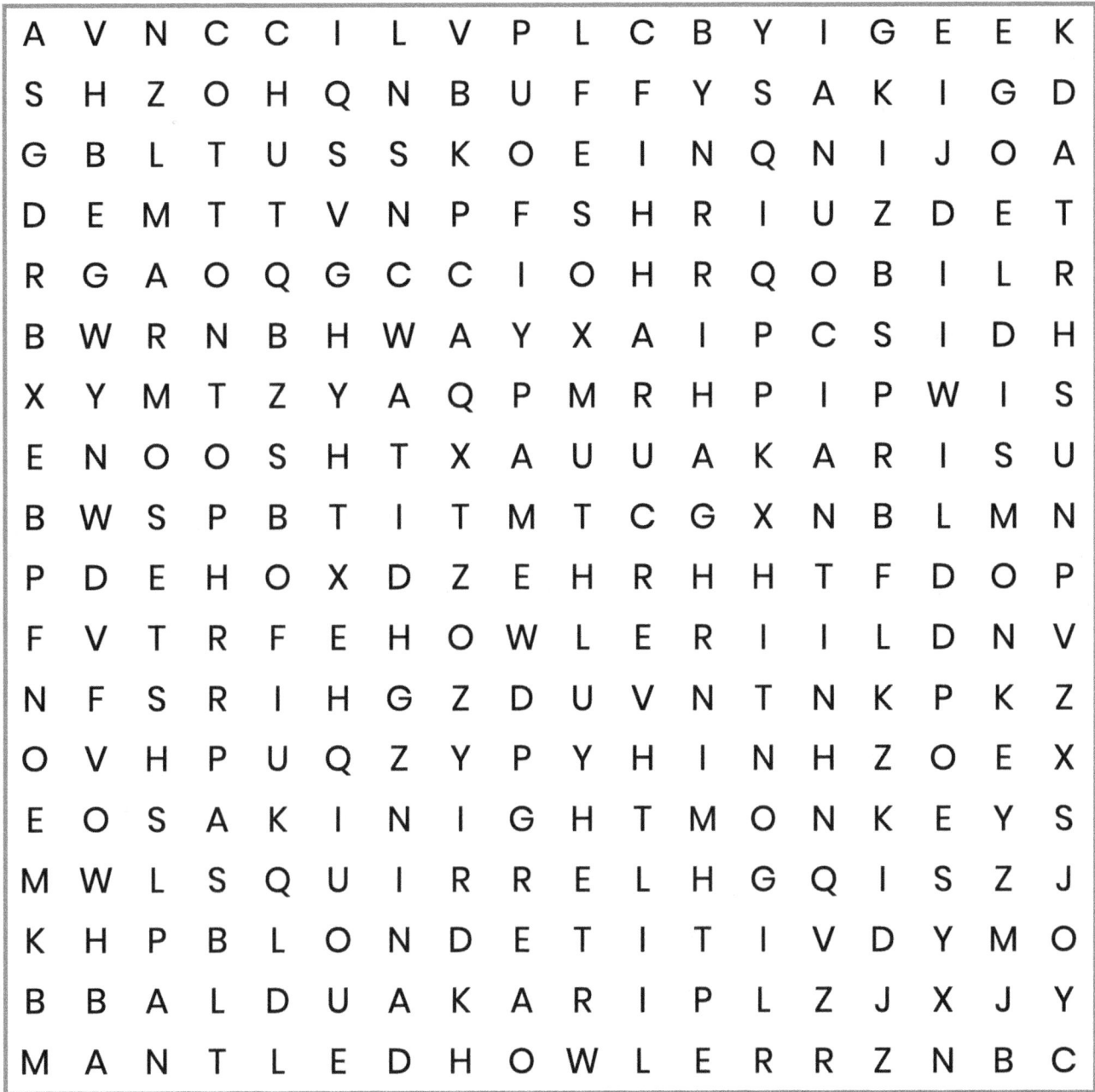

Word Search #8

Primate Locomotion

J	Z	B	G	E	J	L	G	J	W	V	Q	B	C	Q	I	U	W
C	V	I	R	W	T	Q	O	U	N	N	U	J	L	U	K	Q	Z
L	J	P	W	G	O	G	L	Y	P	K	P	C	I	A	B	G	Q
E	J	E	N	U	H	O	P	P	I	N	G	W	M	D	Z	V	F
S	L	D	Q	W	T	W	A	L	K	I	N	G	B	R	Y	K	X
D	B	A	K	T	X	J	A	N	S	O	G	Q	I	U	B	R	O
F	X	L	S	S	B	C	N	S	I	R	A	F	N	P	R	U	S
H	Z	I	E	G	I	N	V	Z	C	B	C	L	G	E	A	X	G
I	Z	S	U	T	M	L	E	A	P	I	N	G	J	D	C	I	E
L	L	M	R	S	W	I	N	G	I	N	G	C	B	A	H	M	S
Z	G	E	R	W	L	U	C	Q	X	H	D	Y	N	L	I	A	W
W	V	T	T	H	E	N	S	L	C	E	Y	I	L	I	A	M	D
R	F	M	P	W	E	E	K	C	I	T	N	Q	I	S	T	J	P
F	X	T	E	L	C	R	N	H	A	N	B	N	B	M	I	P	M
A	M	O	J	A	C	U	I	B	X	M	G	Z	E	P	O	K	Y
F	N	E	V	M	S	M	I	Y	D	B	P	I	B	G	N	U	B
C	L	A	M	B	E	R	I	N	G	N	H	E	N	X	D	I	D
P	G	X	B	N	R	Z	D	T	U	M	U	B	R	G	O	F	L

BIPEDALISM
CLAMBERING
CLINGING
LEAPING
SCAMPER
VERTICAL
BRACHIATION
CLIMBING
HOPPING
QUADRUPEDALISM
SWINGING
WALKING

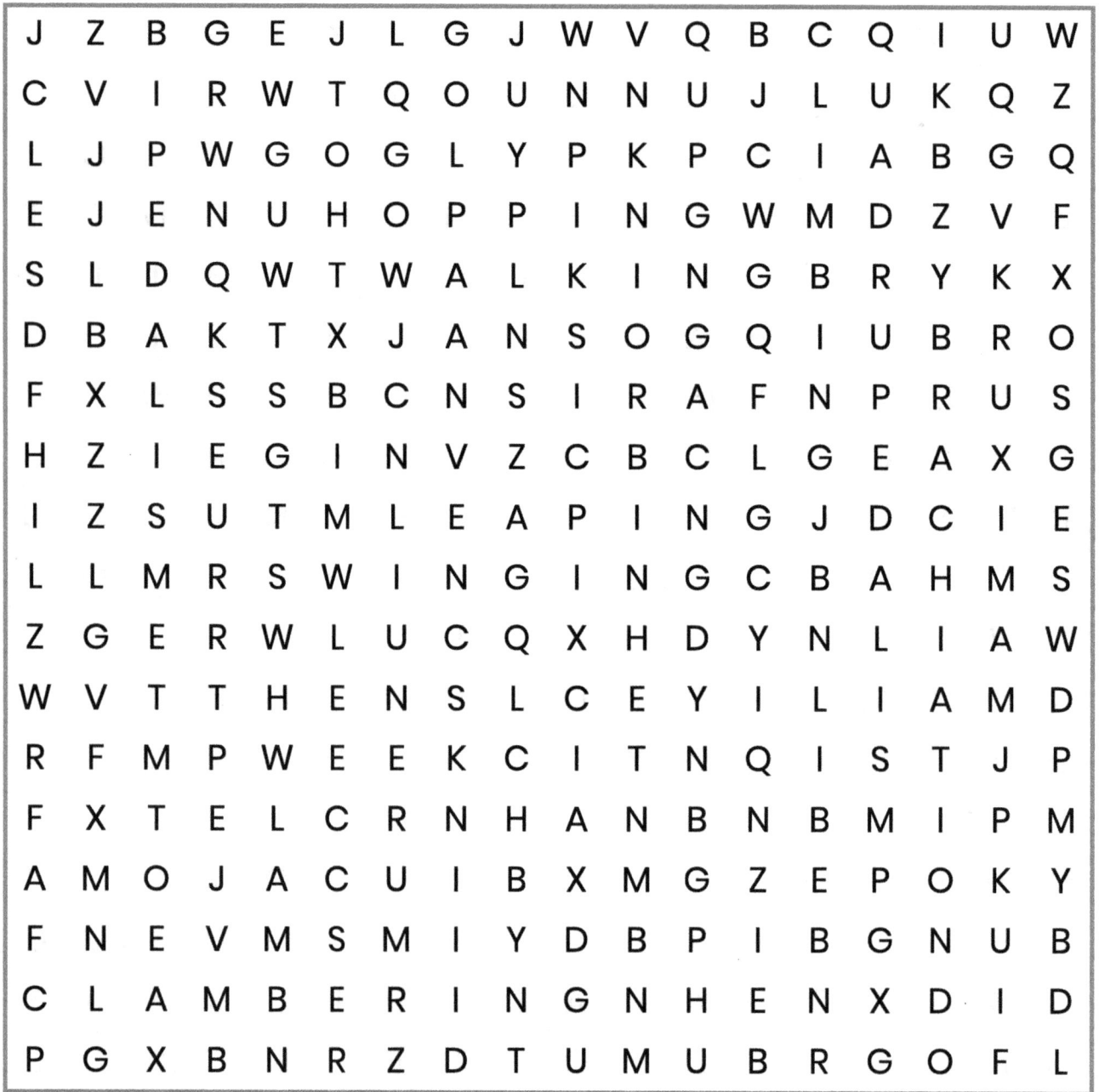

Word Search #9

Strepsirrhini Highlights

K	J	F	S	J	O	G	P	T	Z	P	V	B	U	V	A	A	I
Q	Y	B	O	U	Q	I	F	W	W	N	W	O	O	L	L	Y	L
G	X	Z	L	P	R	M	M	D	Z	M	V	W	X	L	K	K	O
R	R	B	F	H	E	L	E	M	U	R	S	P	C	X	Q	I	T
O	B	F	I	Y	S	I	O	Y	P	P	W	O	B	W	S	H	Z
O	M	I	C	S	E	Y	Z	A	G	Q	F	T	P	D	D	T	K
M	O	L	N	I	A	E	Y	W	W	Q	X	T	D	J	S	W	E
I	R	H	K	O	R	O	S	E	W	K	K	O	F	V	C	I	R
N	P	T	E	L	C	F	M	V	V	V	U	S	K	C	I	S	N
G	H	O	G	O	H	U	E	M	S	K	N	N	Y	T	T	T	U
C	O	O	A	G	O	K	L	E	W	Z	I	H	P	D	O	N	R
L	L	T	L	I	S	L	L	A	J	B	B	Q	Q	P	T	O	T
A	O	H	A	C	D	Q	P	M	R	U	C	L	E	F	T	S	A
W	G	C	G	A	R	H	I	N	A	R	I	U	M	B	K	E	W
Z	I	O	O	L	E	G	M	Q	X	T	A	P	E	T	U	M	Y
V	C	M	S	J	D	E	W	B	X	U	N	X	N	S	Z	P	Y
B	A	B	U	A	J	V	N	L	O	R	I	S	E	S	C	M	I
Y	L	U	C	I	D	U	M	U	U	P	R	O	C	S	Z	M	W

BINOCULAR
GALAGOS
LEMURS
LUCIDUM
PHYSIOLOGICAL
RESEARCH
SMELL
TOOTHCOMB
CLEFT
GROOMING CLAW
LORISES
MORPHOLOGICAL
POTTOS
RHINARIUM
TAPETUM
TWIST-NOSE
WOOLLY

Word Search #10

Perfectly Prosimian

P	M	K	A	T	P	R	O	S	I	M	I	I	O	L	I	U	F
X	U	Q	G	A	L	A	G	O	S	L	W	P	P	P	K	L	Z
W	T	E	L	E	V	Z	E	W	I	C	G	Q	J	O	H	E	L
I	N	S	E	C	T	S	I	L	V	B	H	M	E	T	S	M	Y
O	A	R	B	O	R	E	A	L	I	K	S	N	P	T	T	U	J
T	D	B	M	A	F	I	C	A	P	V	I	K	R	O	R	R	P
A	K	G	E	X	T	I	N	C	T	H	I	O	B	Y	E	O	G
R	E	K	A	I	T	A	M	C	R	G	A	N	L	J	P	I	U
S	T	N	O	B	F	Z	S	O	B	E	S	Y	G	J	S	D	P
I	J	C	E	V	B	Q	L	I	D	N	H	Y	C	K	I	E	F
I	H	Y	I	Z	E	P	A	I	A	P	B	Z	R	Q	R	A	J
F	Q	A	S	N	A	H	O	U	A	M	K	K	W	Z	R	D	T
O	L	O	U	H	I	S	U	R	C	M	X	T	T	E	H	E	V
R	K	C	T	H	I	F	A	A	P	B	A	O	I	D	I	P	V
M	L	D	V	R	K	P	W	T	N	S	W	S	V	U	N	Y	J
E	E	R	O	I	S	Q	Y	S	I	R	R	W	Y	B	I	T	V
S	J	L	E	C	A	D	M	A	D	A	G	A	S	C	A	R	S
R	M	A	H	Y	K	F	Y	D	T	V	N	P	G	M	O	D	F

AFICA
ASIA
GALAGOS
INSECTS
LIVING
MADAGASCAR
POTTO
STREPSIRRHINI
ARBOREAL
EXTINCT
HAPLORHINE
LEMUROIDEA
LORISOIDEA
PARAPHYLY
PROSIMII
TARSIER
TARSIIFORMES

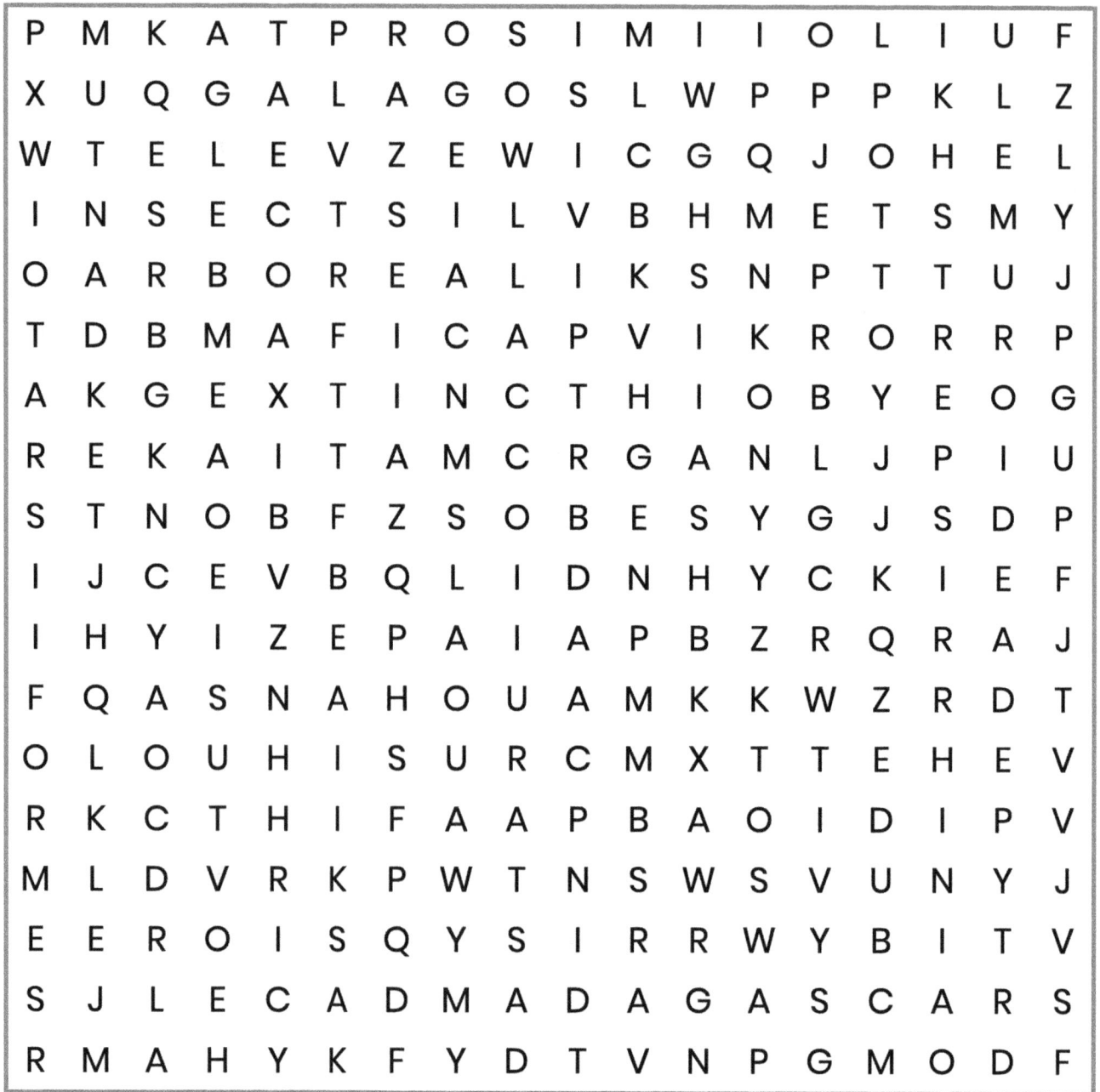

Word Search #11

Hello Potto

T	O	J	O	I	Z	G	S	W	P	J	M	O	E	X	K	L	L
G	G	T	O	O	T	H	C	O	M	B	W	P	Y	Z	O	P	I
L	R	P	A	H	K	E	T	R	O	Z	G	S	L	O	W	T	A
R	U	O	R	K	A	A	P	O	Y	U	A	P	Z	T	O	F	J
F	A	A	O	O	E	N	S	Z	U	P	I	C	Z	S	W	G	D
H	K	V	H	M	S	U	G	O	M	U	T	Z	S	E	Y	L	E
X	F	M	H	J	I	I	A	W	F	C	X	I	A	E	B	T	F
V	R	S	T	H	M	N	M	J	A	T	X	K	C	D	K	C	O
U	U	I	W	R	A	B	G	I	N	N	L	F	U	S	N	I	R
B	G	X	D	A	O	R	O	C	A	L	T	Y	I	A	B	L	E
C	I	B	I	F	Y	P	Q	S	L	N	R	I	S	J	P	O	S
U	V	Y	B	R	A	U	I	L	M	A	S	V	B	M	X	R	T
P	O	I	C	I	C	C	M	C	S	A	W	X	G	O	S	I	A
Q	R	X	Z	C	P	F	K	J	A	K	N	S	Y	B	S	S	T
K	O	Q	I	A	X	T	F	A	A	L	V	S	M	R	E	I	I
C	U	D	G	P	E	R	O	D	I	C	T	I	C	U	S	D	O
S	S	U	N	O	C	T	U	R	N	A	L	P	R	Z	H	A	N
P	C	X	R	Y	V	B	X	I	C	O	D	D	Z	C	P	E	S

AFRICA
BOSMANS
CRYPTIC
FRUGIVOROUS
LORISIDAE
PERODICTICUS
SEEDS
SOFTLYS
ANGWANTIBOS
BUSHMEAT
DEFORESTATION
GROOMING-CLAWS
NOCTURNAL
PROSIMIANS
SLOW
TOOTHCOMB
TROPICAL

Word Search #12

Speaking of the Loris

A	R	G	A	S	O	U	T	H	E	A	S	T	A	S	I	A	Q
W	T	W	P	P	A	R	E	D	L	Y	A	X	C	A	H	H	N
X	E	C	J	H	I	Z	L	N	O	W	R	O	Z	L	J	Z	R
E	S	B	D	F	E	S	T	A	I	L	L	E	S	S	J	F	M
F	T	L	E	X	B	R	U	E	A	V	P	J	T	I	I	T	Z
H	Q	X	O	P	N	Y	C	T	I	C	E	B	U	S	B	J	I
P	T	T	Z	W	G	Y	H	C	J	B	A	N	G	K	A	B	N
X	K	A	Y	A	N	R	I	V	E	R	C	A	A	D	B	H	D
O	Z	W	P	Q	Y	W	A	W	O	V	I	K	A	W	N	Q	E
B	G	H	H	H	W	U	C	Y	R	D	N	O	R	S	T	P	X
B	I	S	I	Q	I	M	A	O	N	A	J	R	I	A	H	S	F
N	W	L	U	J	J	L	M	I	L	B	O	R	N	E	A	N	I
S	B	E	B	E	A	P	I	I	I	N	S	E	C	T	S	R	N
X	P	N	Z	K	W	V	R	P	T	Q	P	Y	G	M	Y	H	G
C	P	D	H	J	G	S	A	X	P	X	X	P	I	Q	D	T	E
E	B	E	B	X	G	X	M	N	A	I	O	R	O	I	M	B	R
T	P	R	A	M	Z	F	C	Y	S	U	N	D	R	A	L	E	T
R	E	T	S	V	C	I	T	R	L	C	D	E	Y	Z	I	O	A

BANGKA
GRAY
INDIA
JAVAN
NYCTICEBUS
PYGMY
SLENDER
SOUTHEAST ASIA
BORNEAN
INDEXFINGER
INSECTS
KAYAN-RIVER
PHILIPPINE
RED
SLOW
SRI LANKA
SUNDRA
TAILLESS

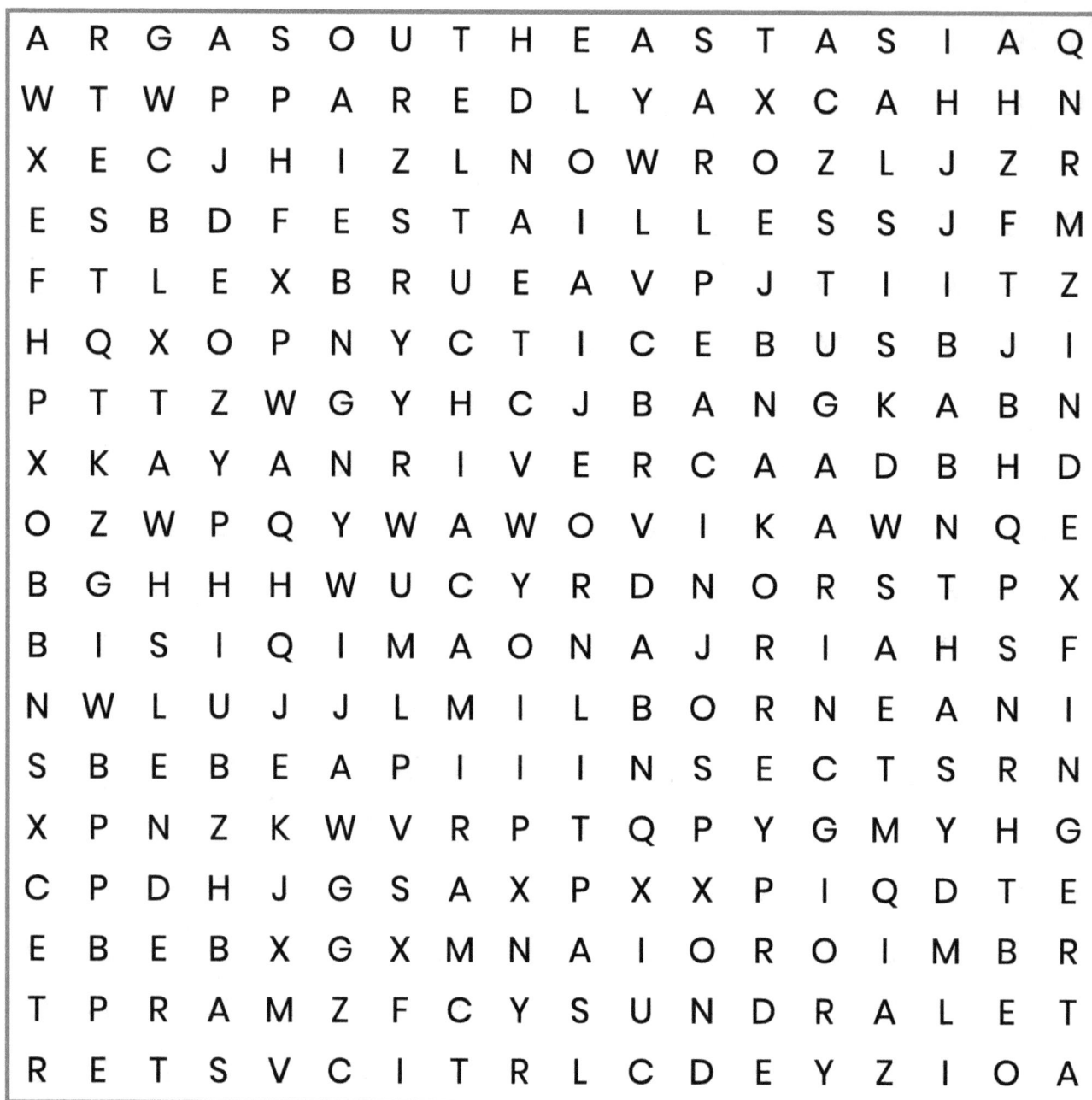

Word Search #13

Javan Loris FYI

V	C	S	G	I	U	Y	U	G	V	X	E	X	F	X	C	G	Q
S	E	E	Z	V	J	L	X	R	F	D	G	L	L	F	R	N	L
Y	Z	N	T	R	A	I	U	O	J	F	E	G	V	O	H	G	S
X	R	D	O	L	V	D	U	O	F	G	U	F	D	B	L	X	P
Q	X	A	V	M	E	V	H	V	M	G	R	P	E	U	N	H	E
P	I	N	E	U	O	F	Y	E	S	A	X	O	Z	N	F	Z	T
H	U	G	Q	I	H	U	F	D	V	N	N	T	Z	I	S	D	T
A	L	E	V	M	N	U	S	W	O	O	R	S	P	B	W	E	R
I	K	R	I	M	O	D	P	A	T	T	E	R	N	X	P	T	A
R	Y	E	I	M	C	R	O	P	O	A	C	H	I	N	G	L	D
B	O	D	T	Q	A	F	P	N	R	S	V	W	P	B	K	O	E
Y	M	Z	F	Z	N	N	V	H	E	I	F	S	P	Z	L	E	Z
W	A	H	N	S	I	H	G	J	O	S	M	D	F	A	I	X	F
S	U	K	H	Q	N	Y	I	R	P	L	I	A	L	T	A	Z	K
E	J	O	H	S	E	W	X	N	O	K	O	A	R	V	N	I	G
G	C	I	T	E	S	T	Z	D	Y	V	D	G	Y	Y	A	Z	P
A	X	X	Q	T	Q	I	D	M	A	M	E	K	Y	Z	S	V	F
B	X	Y	T	F	J	A	V	A	N	I	C	U	S	C	X	X	J

CANINES
DEFENSE
GROOVED
INDONESIA
JAVE
MANGROVE
PATTERN
POACHING
CITES
ENDANGERED
HAIR
JAVANICUS
LIANAS
MORPHOLOGY
PET TRADE
PRIMARY
VENOMOUS

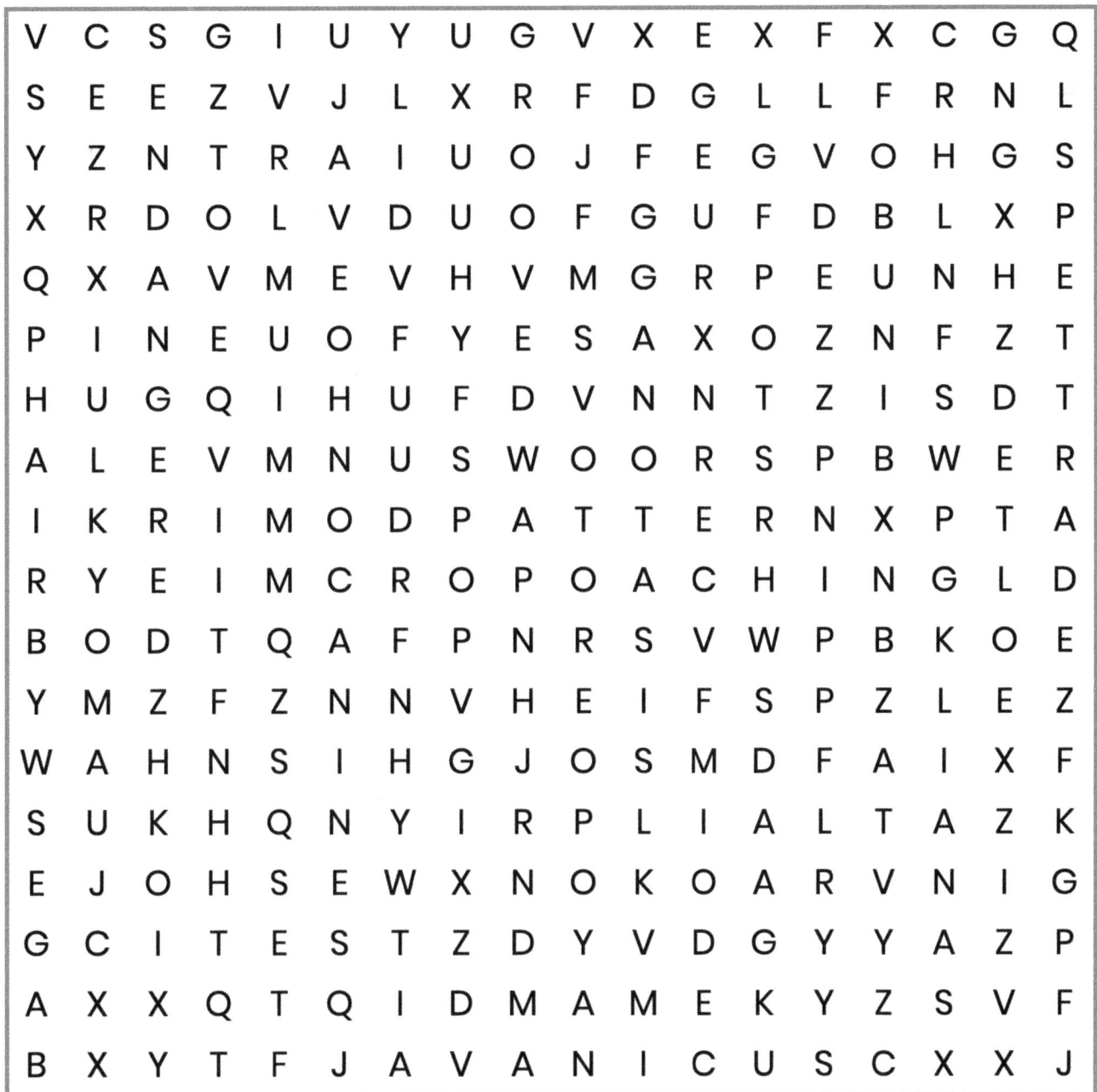

Word Search #14

Talking of Tarsiers

A	S	U	F	R	X	Y	N	I	B	Z	I	V	Z	C	K	V	V
H	C	Z	S	N	N	D	D	A	M	A	C	U	U	O	R	Q	C
Q	L	J	P	Y	M	O	R	P	H	O	L	O	G	Y	O	U	J
Y	I	H	I	W	O	T	B	Y	B	O	R	D	G	O	Y	R	E
D	M	K	N	D	T	Z	G	L	G	H	G	P	T	E	W	M	U
M	B	W	A	Q	A	F	J	P	E	W	E	P	Z	A	K	S	T
V	E	S	L	S	H	D	X	L	G	A	W	E	L	W	I	B	K
D	R	F	T	F	O	L	D	E	S	T	P	Z	L	S	T	L	C
U	S	A	V	A	P	B	T	C	W	O	C	E	E	U	W	U	L
E	B	I	K	M	B	A	G	B	I	G	D	L	R	V	Y	L	I
T	B	R	Q	B	C	G	D	R	W	E	I	W	Z	S	K	T	N
S	F	P	C	U	O	M	W	S	A	T	O	Y	I	F	P	R	G
R	T	O	A	S	U	W	W	C	P	S	J	M	Q	D	F	A	E
S	K	T	S	H	O	M	N	E	L	Q	P	O	P	R	S	S	R
D	E	X	O	S	P	E	R	Y	Z	H	H	I	L	J	U	O	S
R	D	G	T	B	I	D	L	Y	D	I	T	A	N	X	J	N	V
D	S	H	I	N	D	L	I	M	B	S	R	S	F	G	Q	I	X
C	B	U	K	N	P	R	E	D	A	T	O	R	S	J	Y	C	V

AMBUSH
BATS
CLINGERS
FOSSIL
HEEL
LEAPERS
OLDEST
PREDATORS
BALD TAIL
CLIMBERS
DUETS
GRASPING
HINDLIMBS
MORPHOLOGY
PADS
REPTILES
SPINAL
ULTRASONIC

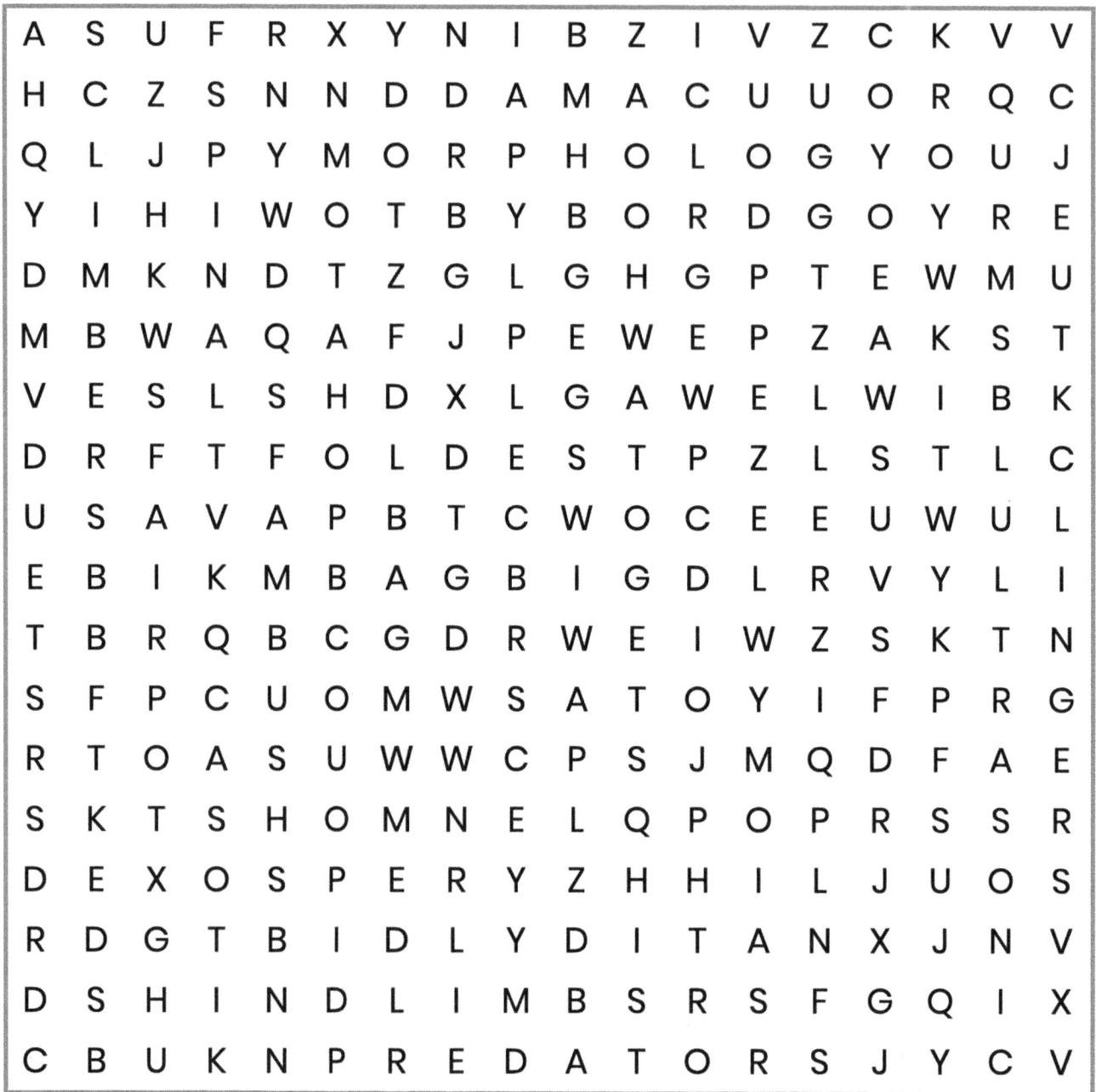

Word Search #15

Gathering of Tarsiiformes

P	A	K	V	I	Z	V	N	D	N	R	J	H	P	P	N	M	Q
G	E	P	M	A	T	H	Y	S	I	C	I	B	P	G	P	O	M
G	J	P	Z	G	E	K	U	A	I	A	K	I	Q	F	K	B	G
X	B	U	Z	D	S	C	R	N	B	A	N	U	E	V	K	Y	Z
J	P	G	V	R	C	M	A	G	O	Z	U	S	A	G	C	D	R
N	L	P	U	E	J	Y	B	I	Q	H	D	H	S	T	Q	D	Q
Z	C	G	B	Q	M	E	W	H	L	N	Y	O	T	E	Q	W	W
C	V	Z	D	G	O	Y	E	E	A	R	Z	R	E	C	W	E	X
N	V	A	Y	J	B	F	R	L	Y	P	P	S	R	S	P	S	J
P	I	P	U	A	G	V	S	U	R	L	H	F	N	P	H	T	N
H	E	I	F	T	F	I	C	A	E	A	I	I	N	E	I	E	I
C	P	L	J	N	U	P	S	V	W	R	L	E	X	C	L	R	E
M	R	K	E	A	T	S	V	B	X	I	I	L	X	T	I	N	M
U	O	J	I	N	A	E	C	S	G	A	P	D	I	R	P	I	I
C	X	S	W	K	G	H	H	K	A	N	P	S	O	A	P	U	T
H	V	O	A	A	V	U	V	C	S	G	I	A	I	L	I	A	Z
J	Z	M	U	P	X	K	O	N	C	Z	N	Z	K	Q	N	T	S
H	K	Y	J	A	W	A	L	L	A	C	E	S	I	D	E	E	W

DIANS
GURSKY
JATNA
MAKASSAR
PELENG
PYGMY
SIAU ISLAND
WALLACES
EASTERN
HORSFIELDS
LARIANG
NIEMITZS
PHILIPPINE
SANGIHE
SPECTRAL
WESTERN

Word Search #16

Lemur Family Roundup

C	P	M	F	G	I	A	N	T	M	O	U	S	E	L	B	Z	Y
N	T	M	S	Y	N	Z	S	G	S	F	F	C	G	C	F	S	R
W	I	A	X	L	O	X	W	L	J	K	P	K	E	S	R	N	P
A	S	S	H	N	K	I	A	E	O	T	W	D	V	T	L	I	M
U	P	W	F	A	Q	A	N	Y	T	T	J	B	A	M	B	O	O
I	O	O	F	K	Y	D	D	D	E	Q	H	B	K	X	D	W	X
F	R	O	C	B	W	E	E	W	R	A	O	J	D	E	M	R	S
O	T	L	V	M	F	E	L	I	A	I	Y	P	D	K	O	I	U
R	I	L	Z	F	O	K	B	K	G	F	G	E	F	B	Z	N	D
K	V	Y	U	Y	J	N	A	K	Q	E	R	I	I	H	J	G	X
M	E	R	H	Q	L	F	K	O	O	A	T	R	U	E	Y	T	U
A	I	C	O	L	I	Z	O	E	E	A	C	L	L	U	E	A	G
R	W	A	V	S	U	R	P	Y	Y	F	L	A	S	S	O	I	Q
K	B	D	D	S	H	T	R	M	Z	M	N	A	U	A	I	L	D
E	V	F	W	X	Y	I	I	D	X	J	I	O	K	W	M	E	R
D	S	W	E	A	A	N	I	X	D	F	M	S	M	F	I	D	T
N	Z	P	O	H	R	Z	Y	E	R	P	F	B	L	A	Q	H	Q
Y	H	D	B	O	K	F	C	C	X	J	X	M	O	R	N	T	R

AYE AYE
DWARF
GIANT-MOUSE
INDRI
MONKEY
RING-TAILED
SIFAKA
SPORTIVE
BAMBOO
FORK-MARKED
HAIRY-EARED
KOALA
MOUSE
RUFFED
SLOTH
TRUE
WOOLLY

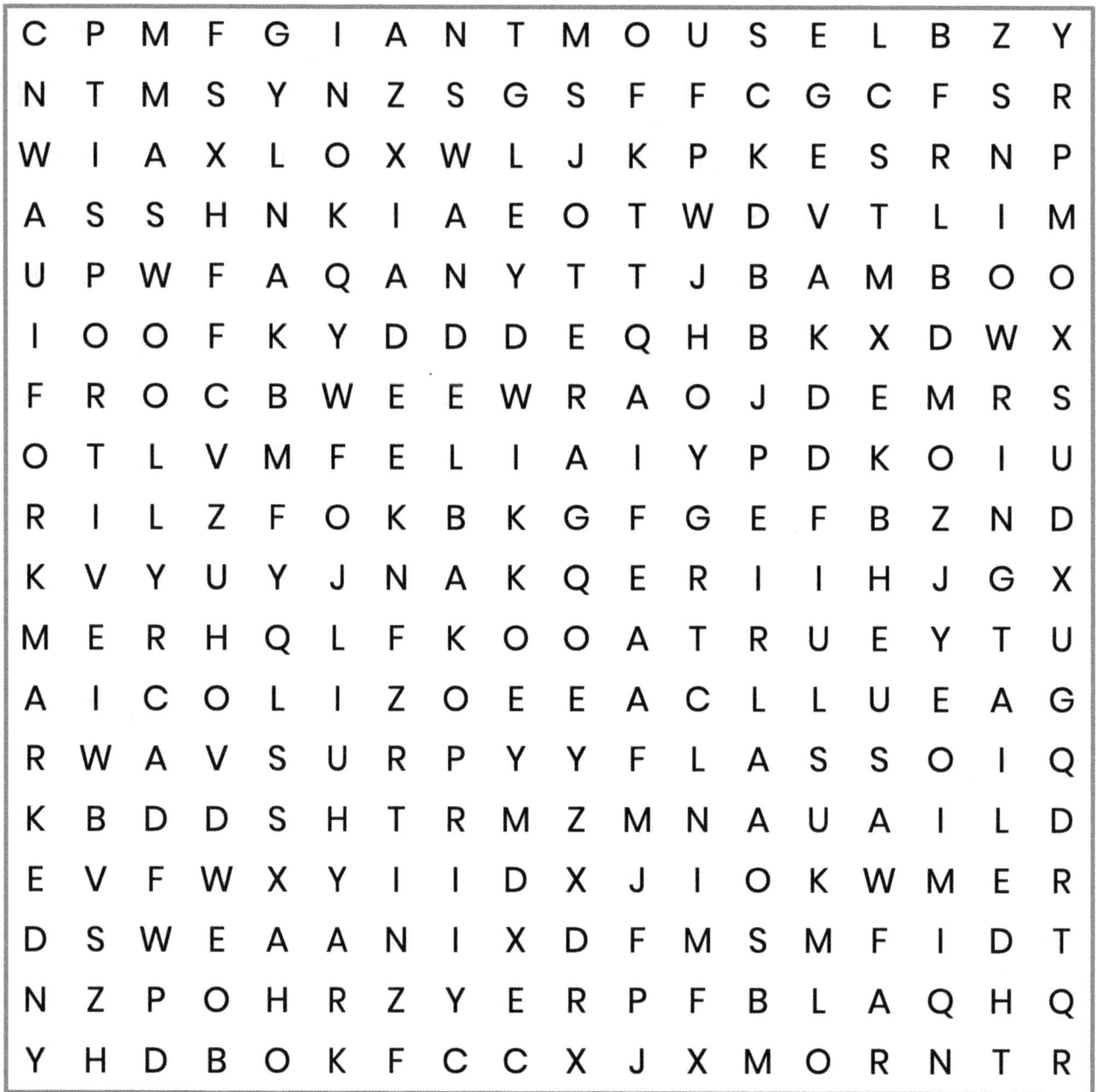

Word Search #17

Lemur Taxonomy Sampler

D	C	R	C	O	S	A	K	N	V	J	O	W	T	W	T	E	K
F	W	O	P	V	Q	V	E	T	I	Z	B	R	I	K	A	A	W
A	F	E	U	L	R	A	L	L	R	Y	H	A	Y	D	I	E	O
R	V	C	V	R	T	H	E	O	D	D	L	C	I	T	A	A	E
C	Y	H	J	T	N	I	M	I	V	F	R	R	O	D	U	C	N
H	K	E	L	V	W	Z	U	Z	N	U	U	K	I	E	V	T	X
A	B	I	X	A	R	K	R	J	G	M	A	P	A	T	E	M	O
E	C	R	M	G	N	L	M	P	E	B	A	D	S	A	P	I	S
O	E	O	X	I	U	I	O	L	A	D	I	U	D	A	T	C	X
L	Z	G	Y	S	Y	Y	O	B	A	R	B	I	Z	D	V	R	T
E	V	A	R	E	C	I	A	L	U	E	I	R	W	W	J	O	R
M	L	L	N	T	H	I	A	M	C	R	I	U	R	L	P	C	D
U	E	E	H	S	B	G	E	O	D	M	L	Z	V	X	N	E	L
R	T	I	U	L	E	L	L	N	P	L	M	O	O	B	V	B	Q
I	R	D	O	M	I	L	I	S	O	L	M	S	I	O	Q	U	U
D	W	A	Q	P	A	E	Q	D	N	P	F	V	J	Y	D	S	D
A	C	E	E	L	E	P	I	L	E	M	U	R	W	O	V	E	X
E	X	L	F	D	A	U	B	E	N	T	O	N	I	I	D	A	E

ALLOCEBUS
AVAHI
CHEIROGALEIDAE
INDRIIDAE
LEMURIDAE
LEPILEMURIDAE
MICROCEBUS
VARECIA
ARCHAEOLEMURIDAE
BABAKOTIA
DAUBENTONIIDAE
LEMUR
LEPILEMUR
MEGALADAPIDAE
MIRZA

Word Search #18

Intro to the Lemuridae

F	D	T	T	O	X	T	G	T	R	C	K	A	F	L	D	J	C
U	C	F	X	I	H	L	O	U	C	I	T	M	Q	S	I	S	H
Z	Q	A	S	U	Q	O	M	J	N	S	R	V	H	D	C	V	A
P	V	J	D	Y	V	E	O	S	O	T	R	U	E	O	H	E	R
C	R	G	K	Y	L	Z	R	O	R	Y	W	T	J	F	R	R	A
G	S	G	B	O	M	M	B	F	A	T	Z	K	E	L	O	T	C
F	R	C	R	G	A	M	X	Z	E	M	C	A	R	W	M	I	T
F	A	P	H	M	A	K	P	B	V	A	R	E	C	I	A	C	E
E	P	M	T	B	F	P	N	C	O	I	T	N	A	R	T	A	R
H	A	N	I	E	I	E	U	L	E	M	U	R	U	S	I	L	I
Y	K	P	C	L	K	S	E	A	V	A	S	M	A	C	S	P	S
G	O	R	Y	Q	I	O	A	F	A	P	E	Q	L	W	M	U	T
W	C	O	E	Z	A	E	N	W	F	L	A	X	Q	E	C	V	I
S	E	L	N	L	B	A	S	L	A	I	J	M	E	I	Z	O	C
T	U	E	A	U	W	N	I	P	E	Z	C	G	S	D	R	R	S
Q	K	M	P	Z	X	S	A	D	L	M	R	H	O	L	Y	Z	N
T	R	U	W	D	J	H	L	H	B	F	U	N	T	K	Y	C	L
Z	K	R	D	C	C	O	B	Z	F	L	R	R	F	Q	P	C	D

BAMBOO
DICHROMATISM
FAMILIES
LEMUR
TRUE
VERTICAL

CHARACTERISTICS
EULEMUR
HAPALEMUR
PROLEMUR
VARECIA

Word Search #19

Lemuridae Gathering

D	H	Q	D	W	H	I	T	E	F	R	O	N	T	E	D	R	Y
W	O	E	Y	Z	R	Q	D	R	F	M	K	B	O	F	B	A	H
T	R	B	Z	W	M	E	G	I	P	O	W	A	X	R	L	N	Y
H	H	C	I	R	N	Z	O	N	P	N	F	M	I	U	U	O	P
D	C	S	R	W	M	E	L	G	P	G	R	B	Y	F	E	M	K
F	F	J	O	V	T	O	D	T	N	O	P	O	T	F	E	A	K
A	N	R	S	M	Q	B	E	A	F	O	W	O	E	E	Y	F	I
J	C	J	L	T	A	Z	N	I	D	S	S	C	J	D	E	A	O
U	B	W	G	D	P	H	V	L	F	E	A	T	N	R	D	N	A
H	L	C	O	L	L	A	R	E	D	E	Z	R	G	X	R	A	R
F	A	L	K	X	F	I	N	D	I	T	E	K	Z	E	G	E	D
V	C	S	A	N	F	O	R	D	S	H	U	E	T	G	S	C	C
Q	K	H	E	F	C	I	U	T	T	K	L	S	O	S	V	J	G
P	R	G	X	O	H	V	S	U	K	R	A	W	E	D	J	B	C
T	Q	B	E	B	K	U	O	P	A	E	K	L	M	K	M	K	H
O	E	W	L	H	X	S	F	I	U	Q	W	E	S	T	E	R	N
F	I	I	T	V	X	Y	D	L	A	C	A	L	A	O	T	R	A
Z	A	U	B	E	A	N	A	M	A	L	A	O	R	X	P	P	I

BAMBOO
BLACK
COLLARED
EASTERN
LAC ALAOTRA
MONGOOSE
RED
RUFFED
BEANAMALAO
BLUE-EYED
CROWNED
GOLDEN
LESSER
RANOMAFANA
RING-TAILED
SANFORDS
SOUTHERN
WESTERN
WHITE-FRONTED

Word Search #20

Little Lemurs Mixer - Family: Cheirogaleidae

X	C	B	P	R	T	F	T	H	L	H	R	N	C	A	B	O	L
H	F	C	E	N	P	K	C	R	V	E	R	V	V	E	E	C	G
C	W	B	M	W	Y	Z	T	O	S	D	X	A	R	V	E	O	O
Z	M	A	N	O	S	Y	N	S	E	S	L	R	J	L	T	I	G
B	L	X	C	U	F	A	E	R	E	O	C	T	M	C	J	V	O
A	I	G	H	R	R	L	A	V	G	J	J	O	L	L	Y	S	L
O	S	V	A	I	Z	E	O	N	N	J	O	Z	D	H	D	U	D
D	G	W	B	X	Y	R	O	M	A	N	I	T	A	T	R	A	E
K	D	M	I	R	G	B	R	J	W	D	K	J	L	E	F	P	N
A	A	E	R	U	N	R	L	M	E	V	B	K	A	V	W	A	B
S	O	U	N	M	K	L	E	L	F	E	V	C	V	T	H	N	R
B	F	N	F	Q	Y	S	I	A	S	O	N	E	A	O	K	K	O
C	I	P	J	B	U	A	L	U	T	B	N	Q	S	D	S	A	W
K	K	W	J	O	T	A	O	Z	Y	E	T	T	O	C	E	R	N
J	E	E	F	T	O	M	N	F	W	M	R	E	A	G	Y	A	I
E	I	U	A	S	S	C	O	Q	U	E	R	E	L	S	P	N	I
A	R	F	A	A	N	U	E	T	O	E	O	T	H	V	P	A	T
T	K	M	S	F	O	R	K	M	A	R	K	E	D	N	X	Z	R

ANKARANA
BONGOLAVA
DWARF
FORK-MARKED
GOLDEN-BROWN
GROVES
LAVASOA
MANITATRA
ANOSY
COQUERELS
FAT-TAILED
FURRY-EARED
GREATER
JOLLYS
LESSER
MASOALA
MOUSE
RUFOUS
SAMBIRANO

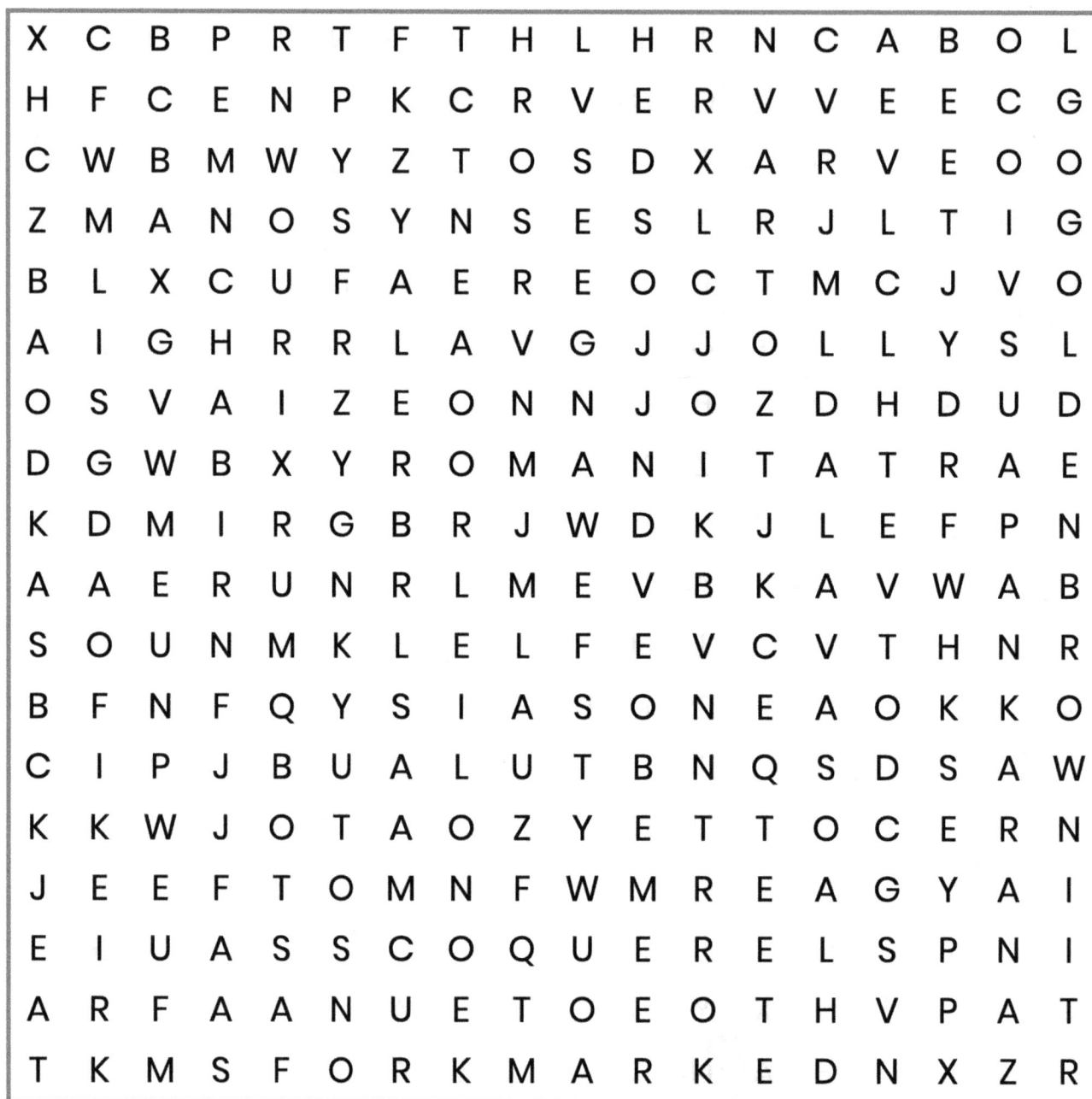

Word Search #21

Those Sportive Lemurs - Family: Lepilemuridae

V	W	D	P	D	U	L	Y	A	I	K	O	M	D	F	G	U	D
N	E	E	H	L	R	L	J	C	G	V	V	S	Q	S	I	O	P
A	S	O	T	T	O	T	X	Q	Q	T	M	K	N	K	D	S	A
Q	I	P	Z	R	J	Z	O	U	M	A	X	O	Y	M	U	Q	O
S	P	F	Z	M	Q	I	S	P	L	V	S	H	U	C	P	S	D
G	O	J	A	K	C	E	I	L	W	N	S	K	G	S	D	S	G
R	N	C	P	T	M	K	T	X	A	N	N	L	E	R	L	F	J
A	B	M	Q	A	N	O	M	M	W	Y	S	T	A	X	Y	S	U
Y	P	J	J	H	O	A	H	R	T	D	E	W	S	E	R	H	U
B	F	B	T	T	N	A	I	A	R	R	D	K	S	E	S	O	Q
A	H	K	H	P	A	G	N	A	U	E	W	Y	T	R	K	L	L
C	E	E	E	G	H	A	B	E	E	A	B	T	T	K	M	L	E
K	D	R	C	T	R	B	L	N	H	A	E	S	O	O	C	A	S
E	Z	S	S	A	U	F	L	X	T	P	B	Q	C	R	R	N	A
D	U	J	K	H	H	I	D	R	D	D	O	I	S	V	P	D	E
K	F	N	C	Y	M	P	H	G	R	E	W	C	O	C	K	S	W
D	A	E	L	J	H	S	C	T	F	M	R	J	P	V	G	M	H
D	E	T	O	O	F	E	T	I	H	W	B	O	P	S	X	D	D

AHMANSONS
ANTAFIA
GRAY-BACKED
HAWKS
HUBBARDS
MILNE-EDWARDS
PETTERS
SEALS
ANKARANA
FLEURETES
GREWCOCKS
HOLLANDS
JAMES
OTTOS
SCOTTS
SMALL-TOOTHED
WEASEL
WHITE-FOOTED
WRIGHTS

Word Search #22

Introducing the Indriidae

Q	O	H	Z	W	J	O	Z	N	O	L	W	X	H	K	M	H	I
M	R	U	C	S	F	J	Q	C	F	E	I	I	B	H	S	D	U
T	M	O	M	T	U	R	Y	P	G	L	J	E	M	L	I	P	O
N	L	Y	S	A	U	L	Q	R	J	W	M	V	C	D	F	E	L
J	N	L	C	Q	L	G	A	V	A	H	I	C	H	R	A	F	P
M	F	P	X	O	G	L	O	T	O	K	L	N	A	U	K	R	O
U	P	Z	O	R	U	G	H	F	N	F	Y	C	K	S	A	M	D
W	R	W	E	J	B	G	U	G	W	O	S	N	J	O	S	Q	L
S	O	K	H	Y	Y	E	X	Y	M	A	G	S	G	X	Q	I	O
U	P	X	Y	S	H	N	V	D	G	F	G	N	H	W	R	F	C
C	I	R	D	H	Z	U	Q	A	P	N	O	G	K	D	N	R	O
W	T	L	P	O	R	S	D	P	I	S	N	L	N	F	U	H	M
Z	H	Z	Y	R	I	A	C	P	Y	I	S	I	F	E	S	S	O
H	E	E	M	T	M	X	A	N	G	T	I	O	I	A	M	Z	T
K	C	W	K	T	U	E	O	N	L	R	Z	X	S	R	E	T	I
W	U	A	V	A	L	W	I	E	D	X	S	G	C	E	O	T	O
W	S	S	S	I	W	L	N	N	Z	S	N	Q	W	D	E	T	N
K	G	L	T	L	C	X	I	X	K	E	W	X	H	T	I	U	R

AVAHI
FEARED
INDRI INDRI
LEAPING
MADAGASCAR
SHORT TAIL
SONG
CLINGING
GENUS
LARGE
LOCOMOTION
PROPITHECUS
SIFAKAS
WOOLLY

Word Search #23

Hey, Aye Aye

B	U	S	G	I	N	G	F	I	N	G	E	R	B	X	Z	Z	G
A	C	C	J	L	W	D	B	C	N	B	L	K	W	V	I	E	G
Y	U	Q	Z	D	L	L	G	J	V	J	A	J	Y	D	N	D	U
M	J	U	Y	E	W	Z	A	M	X	O	R	K	E	Z	C	A	A
M	R	Q	D	Y	Y	R	E	R	B	Z	V	Z	F	S	I	U	R
V	T	O	L	F	U	O	L	Y	G	Q	A	L	T	G	S	B	D
P	L	D	T	V	D	B	J	F	R	E	E	S	N	C	O	E	H
E	Z	I	D	G	J	H	D	G	U	Z	E	I	B	M	R	N	A
R	F	O	R	A	G	I	N	G	B	N	P	Y	T	Y	S	T	I
C	H	X	U	A	U	Z	U	H	S	P	V	T	E	I	M	O	R
U	T	N	O	C	T	U	R	N	A	L	H	P	K	D	Q	N	S
S	R	J	Z	Y	H	O	U	T	Z	Y	Q	U	X	X	S	I	G
S	M	E	L	G	A	P	J	Y	P	V	P	X	N	Y	L	D	A
I	B	C	M	G	U	A	M	V	I	X	O	U	C	I	C	A	X
V	V	H	L	I	H	O	I	S	X	H	M	V	L	P	Q	E	Z
E	J	O	G	X	A	M	E	D	T	A	D	X	P	P	X	U	A
X	F	E	D	A	R	P	S	E	U	D	O	T	H	U	M	B	E
R	K	S	Z	C	B	U	N	L	I	K	K	U	G	K	L	Q	J

DAUBENTONIDAE
FINGER
GRUBS
INCISORS
LARVAE
NOCTURNAL
PSEUDO-THUMB
TAPPING
ECHOES
FORAGING
GUARD HAIRS
LARGE-EYED
NESTS
PERCUSSIVE
PULP
UNIQUE

Word Search #24

Galagidae 101

D	M	V	O	C	A	L	I	Z	A	T	I	O	N	S	S	A	L
J	A	A	D	X	Q	F	B	U	S	H	B	A	B	Y	P	F	C
F	H	L	G	Q	F	N	R	Q	C	N	G	M	D	C	L	T	L
S	B	W	A	Z	O	R	E	I	S	K	G	T	N	R	F	O	O
U	C	B	A	R	K	D	I	E	C	P	F	X	P	P	B	H	N
B	V	A	H	D	H	T	V	Y	Z	A	N	Z	I	B	A	R	G
S	U	G	I	Y	I	A	K	Q	Y	H	K	E	J	D	J	T	L
A	F	U	C	E	E	H	N	C	L	I	N	G	I	N	G	A	E
H	P	R	Q	L	D	Q	N	G	U	P	L	B	E	K	R	R	G
A	I	U	R	D	F	L	O	W	E	R	S	D	T	F	D	S	S
R	H	N	O	C	T	U	R	N	A	L	A	L	Y	S	H	U	T
A	B	G	A	L	A	G	O	V	M	R	Z	Y	N	F	M	S	Q
N	L	Y	Z	U	Q	Q	H	O	T	O	Y	E	J	I	Q	S	Y
G	M	C	J	O	Y	T	S	T	Z	D	L	T	T	W	D	F	W
O	Z	S	X	T	E	A	E	V	O	L	W	N	R	O	X	Z	A
T	K	Q	P	E	P	P	U	S	A	A	Q	D	P	N	U	E	T
U	J	R	T	G	U	P	S	I	D	E	D	O	W	N	J	J	M
P	P	R	I	N	C	E	D	E	M	I	D	O	F	F	S	G	O

AFRICA
BARK
CLINGING
GALAGO
LONG LEGS
PET TRADE
PRINCE DEMIDOFFS
TARSUS
ALLENS
BUSH BABY
FLOWERS
LEAVES
NOCTURNAL
PODS
SUB-SAHARAN
TEETH
UPSIDE-DOWN
VOCALIZATIONS
ZANZIBAR

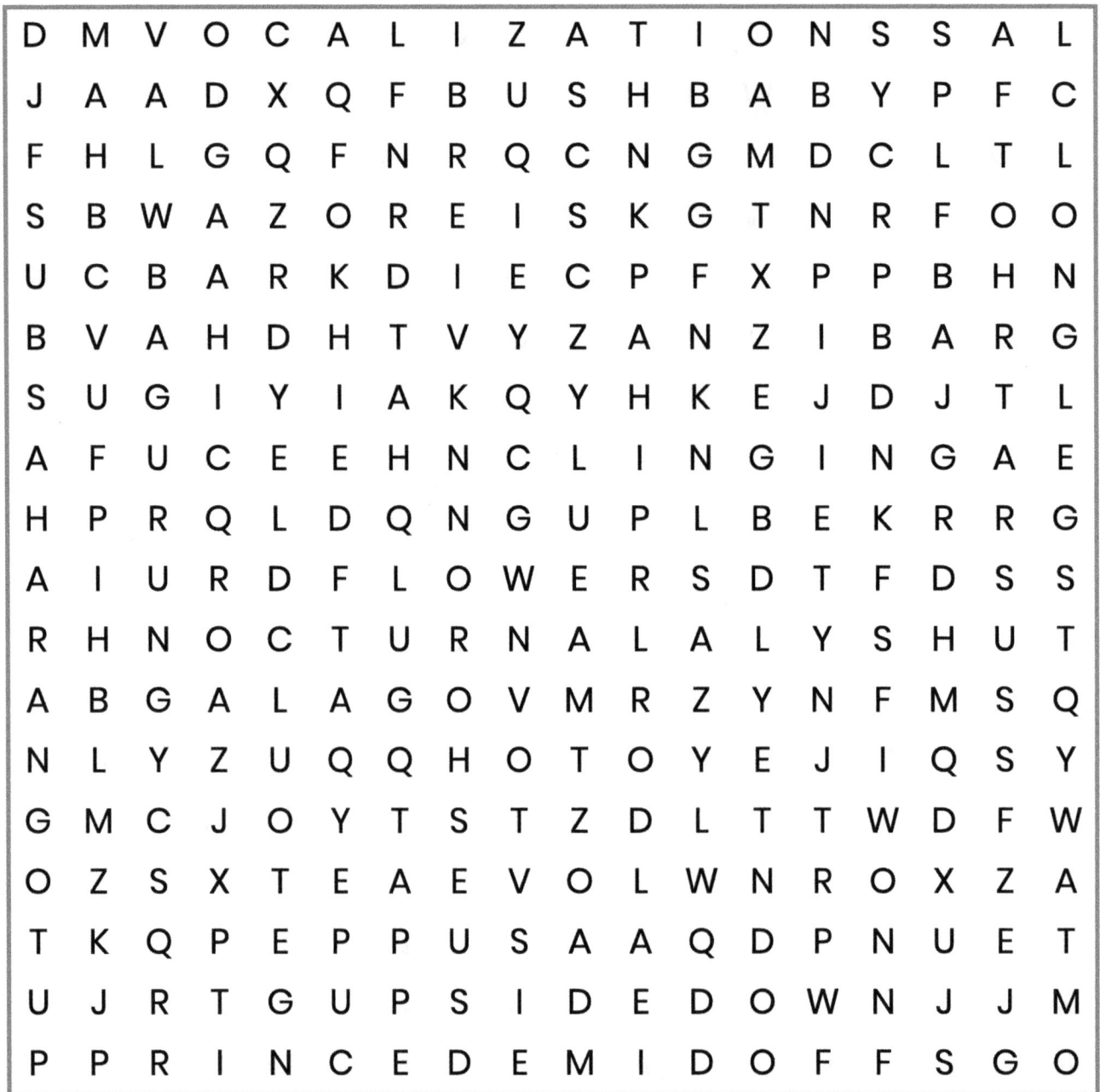

Word Search #25

New World Monkey Highlights

M	D	T	D	W	A	U	Z	W	D	L	J	Q	K	R	I	Y	V
D	I	Z	Z	B	A	R	G	S	E	O	E	C	P	C	R	A	I
U	J	S	B	T	F	M	T	X	O	V	M	A	U	M	H	M	C
A	C	C	W	P	O	F	T	N	U	T	S	V	V	E	Q	A	E
N	A	E	R	T	H	G	A	T	E	E	A	A	Q	E	S	Z	B
M	L	N	M	S	P	J	M	J	A	B	W	T	R	I	S	O	I
O	L	T	G	O	A	U	Z	A	V	M	I	Y	C	G	O	N	D
I	I	R	J	U	R	A	M	E	R	U	A	M	I	E	B	S	A
P	T	A	S	T	B	W	R	E	R	M	J	R	A	M	U	M	E
W	R	L	P	H	O	A	H	F	X	R	O	S	I	O	J	H	A
I	I	A	I	A	R	T	N	K	L	I	G	S	R	N	V	A	Q
N	C	M	D	M	E	L	X	S	B	A	C	O	E	R	E	V	E
S	I	E	E	E	A	L	M	G	P	Q	V	O	E	T	P	L	Q
E	D	R	R	R	L	U	F	S	P	I	Z	L	P	C	G	P	A
C	A	I	D	I	G	T	T	J	B	Z	W	V	H	L	S	B	V
T	E	C	O	C	D	I	N	R	K	O	Z	P	Z	D	S	Z	W
S	P	A	S	A	N	B	E	M	H	C	N	W	Q	Q	S	D	W
A	N	O	O	I	Z	H	C	P	H	D	I	F	P	M	N	K	S

AMAZON
CALLITRICIDAE
CENTRAL AMERICA
GUMS
HOWLER
LEAVES
MEXICO
SAP
ARBOREAL
CEBIDAE
FRUIT
HERBIVOROUS
INSECTS
MARMOSET
NUTS
SOUTH AMERICA
SPIDER
TAMARIN

Word Search #26

Tamarin Talk

S	W	S	G	N	W	D	I	U	R	N	A	L	F	F	F	W	P
V	S	W	L	E	O	N	T	O	C	E	B	U	S	B	B	Y	V
I	A	R	B	O	R	E	A	L	S	P	V	R	G	R	C	Y	R
G	L	B	Q	T	L	I	B	U	M	Z	D	M	Y	T	O	O	B
L	A	D	O	C	B	Z	I	O	A	W	C	N	O	C	L	B	O
E	R	W	X	L	H	H	V	Q	L	J	A	L	L	Y	U	Z	S
O	G	C	A	B	I	C	A	Z	L	M	Y	A	P	M	M	M	A
N	E	L	M	O	Y	V	X	I	A	Z	C	M	U	B	B	U	G
T	E	A	R	F	M	S	I	N	R	I	G	R	O	R	I	S	U
O	Y	D	T	L	N	N	A	A	P	S	E	S	U	A	A	T	I
P	E	E	E	I	B	P	I	O	B	P	T	T	H	Z	E	A	N
I	S	B	W	A	I	A	R	V	B	M	H	Y	L	I	B	C	U
T	O	T	V	J	X	T	Q	Y	O	K	C	Z	L	L	E	H	S
H	T	J	F	V	O	W	C	G	H	R	G	Y	B	E	P	E	V
E	U	A	H	E	U	O	V	L	U	P	E	F	W	T	S	M	K
C	O	W	N	L	Y	S	V	Z	A	U	W	S	Z	N	L	M	K
U	G	E	J	V	C	R	Z	B	G	W	X	U	V	D	Z	A	Q
S	Q	B	C	O	L	U	M	B	I	A	S	T	E	F	V	L	Z

ARBOREAL
BRAZIL
CLAWS
DIURNAL
LARGE EYES
LEONTOPITHECUS
NEOTROPICAL
PANAMA
BOLIVIA
CLADE
COLUMBIA
HAIRSTYLES
LEONTOCEBUS
MUSTACHE
OMNIVORES
PERU
SAGUINUS
SMALL
TWINS

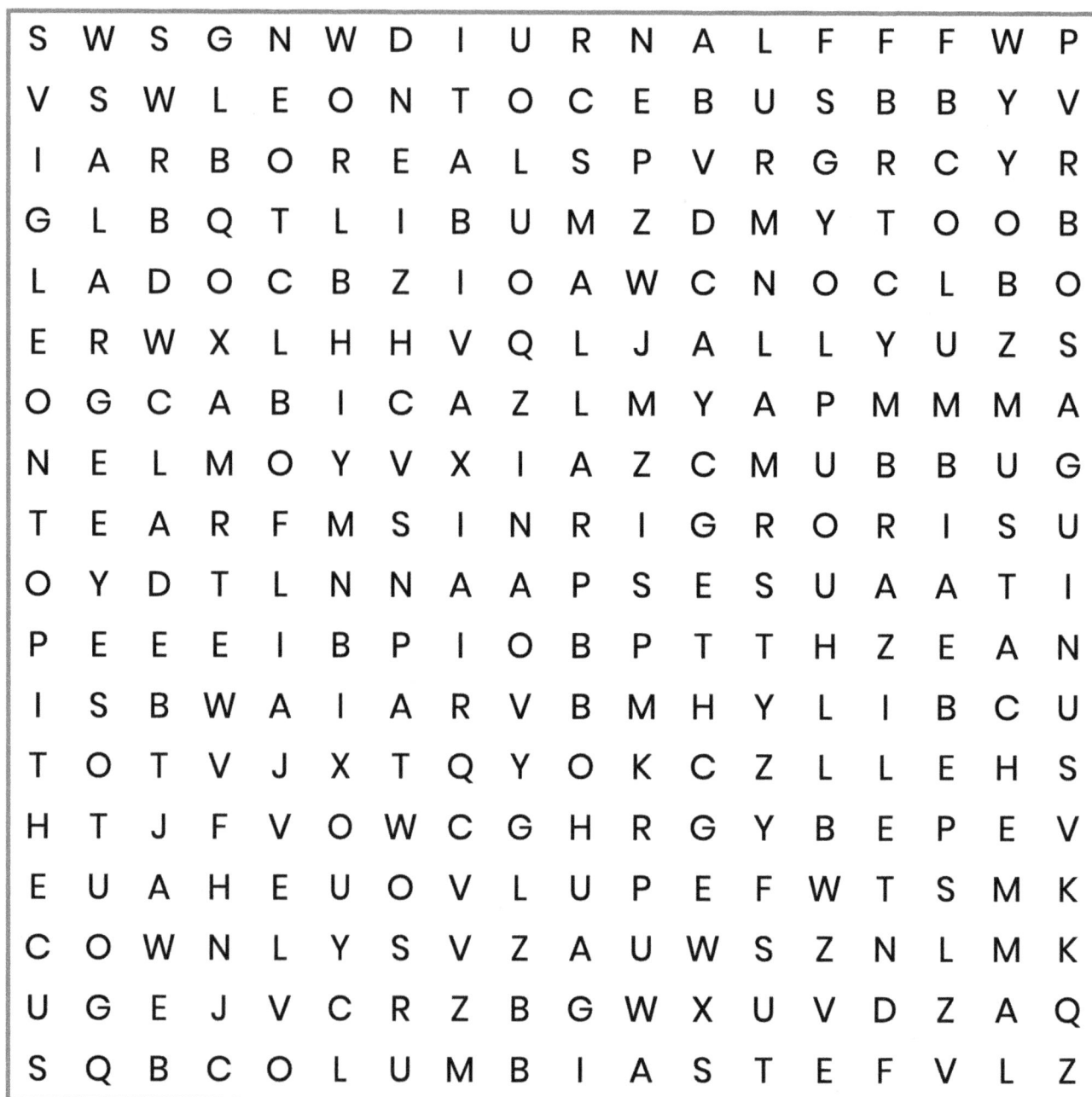

Word Search #27

A Gathering of Tamarins

A	M	O	U	S	T	A	C	H	E	D	A	U	Q	L	K	K	H
L	X	O	W	S	A	D	D	L	E	B	A	C	K	H	L	P	B
W	C	E	T	G	B	C	W	T	R	Z	N	J	F	C	U	S	N
O	A	D	Y	A	M	P	S	E	M	E	H	T	Z	G	V	I	E
X	W	A	A	C	Q	E	T	D	D	P	D	V	Z	H	M	D	L
W	K	H	U	H	H	Z	K	L	O	D	G	H	L	V	E	Z	E
U	F	U	I	C	L	C	X	T	B	I	E	I	A	T	K	H	Z
F	B	N	D	T	A	E	N	W	E	V	O	L	O	N	I	X	Q
G	H	E	E	L	E	O	H	B	H	M	F	O	L	A	D	M	P
O	R	G	B	M	T	L	L	W	F	U	F	G	K	S	T	E	P
L	L	Q	L	T	P	P	I	A	N	E	R	D	M	L	X	J	D
D	G	C	O	I	N	E	L	P	T	U	O	O	A	L	W	E	X
E	E	C	Z	E	H	M	R	I	P	W	Y	F	R	C	M	G	U
N	H	Q	U	O	B	E	H	O	P	E	S	E	T	F	W	D	N
L	T	M	V	K	W	W	S	W	R	G	D	E	I	P	I	X	Q
I	B	L	A	C	K	L	I	O	N	U	B	I	N	P	I	E	D
O	G	O	L	D	E	N	H	A	N	D	E	D	S	O	O	X	Q
N	M	O	T	T	L	E	F	A	C	E	D	J	Q	O	Y	U	K

BLACK
COTTON-TOP
GEOFFROYS
GOLDEN-HANDED
MOTTLE-FACED
PIED
RED-HANDED
WEDDELLS
BLACK LION
EMPEROR
GOLDEN LION
MARTINS
MOUSTACHED
RED-CHESTED
SADDLEBACK
WHITE-FOOTED
WHITE-LIPPED

Word Search #28

Marmoset Overview

J	O	D	Z	U	H	J	A	R	O	T	O	A	W	B	P	T	O
Q	M	L	Y	P	T	S	T	P	R	I	M	I	T	I	V	E	Z
X	L	S	Y	J	N	Z	E	T	R	S	C	L	R	L	G	A	V
B	S	W	E	I	Z	Q	B	A	L	A	N	C	E	I	N	D	J
X	V	V	W	D	K	U	O	Q	U	T	I	T	K	S	P	S	M
Z	K	T	A	L	V	S	G	R	O	I	Z	Y	V	O	S	I	O
T	I	C	P	V	O	I	I	M	J	S	X	L	B	U	C	Z	N
M	T	E	R	S	U	N	L	L	E	Z	T	I	R	T	A	P	O
T	U	F	T	S	M	T	G	I	K	M	E	N	A	H	M	G	G
M	V	T	C	E	U	A	P	T	Q	Y	V	C	N	A	P	I	A
H	Q	W	R	Q	E	O	L	O	A	O	U	O	C	M	E	H	M
A	G	B	U	E	N	S	G	L	A	I	S	X	H	E	R	L	O
F	F	U	P	A	E	K	Z	Y	E	U	L	U	E	R	J	P	U
X	M	N	C	N	F	T	S	T	B	S	K	S	S	I	B	Y	S
C	I	Y	T	Y	G	X	O	O	Z	J	T	B	T	C	F	N	N
U	S	O	F	T	F	G	W	P	A	C	R	L	S	A	K	T	K
P	Z	Y	A	M	L	U	E	D	S	P	U	K	P	H	V	G	B
D	X	E	D	B	G	H	A	P	L	O	R	R	H	I	N	I	N

BALANCE
CANOPIES
LONG TAILS
PRIMITIVE
SILKY
SOFT
TREETOPS
TWINS
BRANCHES
HAPLORRHINI
MONOGAMOUS
SCAMPER
SMALLEST
SOUTH AMERICA
TUFTS

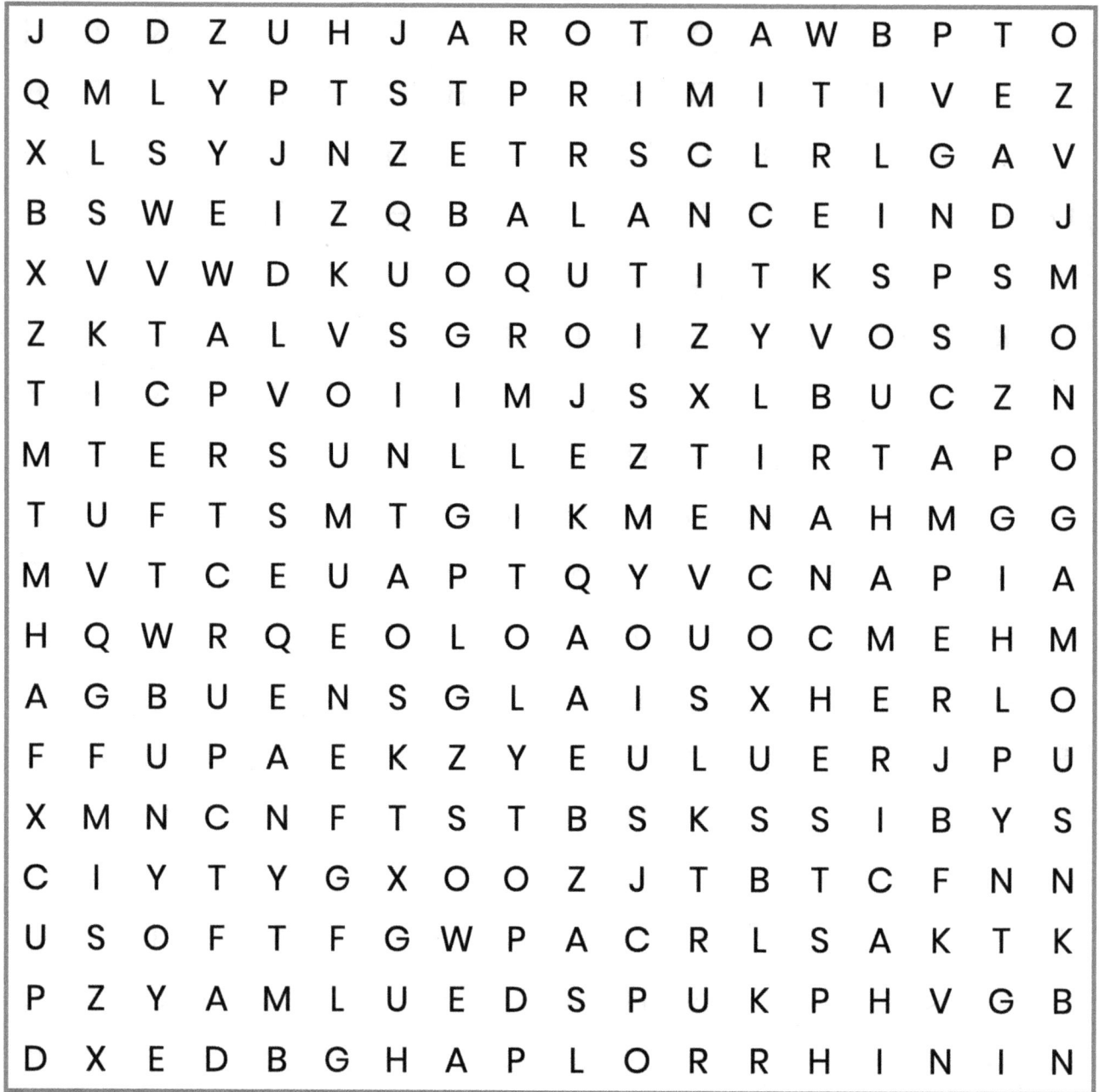

Word Search #29

Marmoset Meet Up

I	Z	P	X	A	B	U	F	F	Y	H	E	A	D	E	D	T	M
Z	A	Q	V	J	R	O	N	D	O	N	S	Y	L	A	R	X	T
W	I	E	D	S	K	Q	I	E	J	E	M	I	L	I	A	S	J
P	X	Q	S	F	C	I	R	N	G	D	Y	L	O	D	G	E	T
B	C	Z	Z	B	K	E	D	M	A	R	C	A	S	F	H	N	C
S	K	A	C	S	T	C	O	M	M	O	N	S	G	J	B	W	D
A	C	D	S	A	N	T	O	M	Q	O	M	L	S	P	E	H	A
N	I	B	S	Z	Z	E	L	U	Z	U	W	T	M	J	M	I	R
T	Z	W	R	Q	L	H	V	C	Q	O	I	H	L	E	K	T	S
A	W	U	H	K	S	I	L	V	E	R	Y	P	I	X	A	E	J
R	W	Y	M	A	N	I	C	O	R	E	I	B	D	T	U	H	G
E	E	B	L	A	C	K	T	A	I	L	E	D	C	A	E	E	E
M	G	X	H	G	Q	I	T	A	S	P	J	P	M	N	Y	A	N
Y	H	P	J	X	M	B	U	F	F	Y	T	U	F	T	E	D	T
O	P	Y	G	M	Y	S	A	N	T	A	R	E	M	B	V	E	S
V	D	H	E	R	S	H	K	O	V	I	T	Z	S	P	S	D	Z
L	R	V	C	A	L	L	I	B	E	L	L	A	S	D	J	I	F
K	N	K	C	A	L	L	I	B	E	L	L	A	L	P	C	C	E

BLACK-TAILED
BUFFY-TUFTED
COMMON
HERSHKOVITZS
MARCAS
PYGMY
SANTAREM
SILVERY
BUFFY-HEADED
CALLIBELLA
EMILIAS
MANICORE
MAUES
RONDONS
SATERE
WHITE
WHITE-HEADED
WIEDS

Word Search #30

Meet the Night Monkeys

L	H	C	O	L	U	M	B	I	A	T	W	G	K	K	T	P	A
M	M	P	M	L	E	A	P	E	R	I	N	G	K	W	H	R	E
U	F	I	T	V	E	V	E	N	E	Z	U	E	L	A	A	N	I
U	N	W	B	K	X	H	Q	M	G	K	R	A	Z	N	O	W	R
X	R	T	O	R	F	O	X	L	L	J	M	J	I	Z	F	K	T
A	V	N	C	H	A	Y	G	R	C	A	A	T	A	U	O	R	R
O	B	D	A	K	R	Z	W	F	N	B	N	M	I	L	P	Y	I
T	I	H	V	A	M	R	I	A	X	E	A	J	B	T	O	R	V
U	Z	H	P	E	R	U	P	L	G	C	O	S	I	V	L	F	I
S	L	N	E	C	L	Z	F	R	U	H	O	L	L	O	W	S	R
C	U	E	S	C	K	L	A	X	P	O	V	P	G	H	X	F	G
J	E	T	Q	U	A	D	R	U	P	E	D	U	Y	J	E	E	A
T	V	I	N	E	S	C	O	L	O	R	A	T	I	O	N	G	T
X	P	A	R	A	G	U	A	Y	H	A	B	I	T	A	T	S	U
G	Y	Z	W	G	E	O	G	R	A	P	H	Y	U	M	J	X	S
E	O	Z	Y	Q	X	P	H	K	A	R	Y	O	T	Y	P	E	U
A	O	T	I	D	A	E	V	Z	Z	G	Z	W	G	N	M	H	W
L	N	A	T	I	T	C	N	W	X	G	O	F	E	E	F	V	J

AMAZON
AOTUS
BRAZIL
COLUMBIA
HABITATS
KARYOTYPE
PANAMA
PERU
AOTIDAE
ARGENTINA
COLORATION
GEOGRAPHY
HOLLOWS
LEAPERING
PARAGUAY
QUADRUPED
TRIVIRGATUS
VENEZUELA
VINES

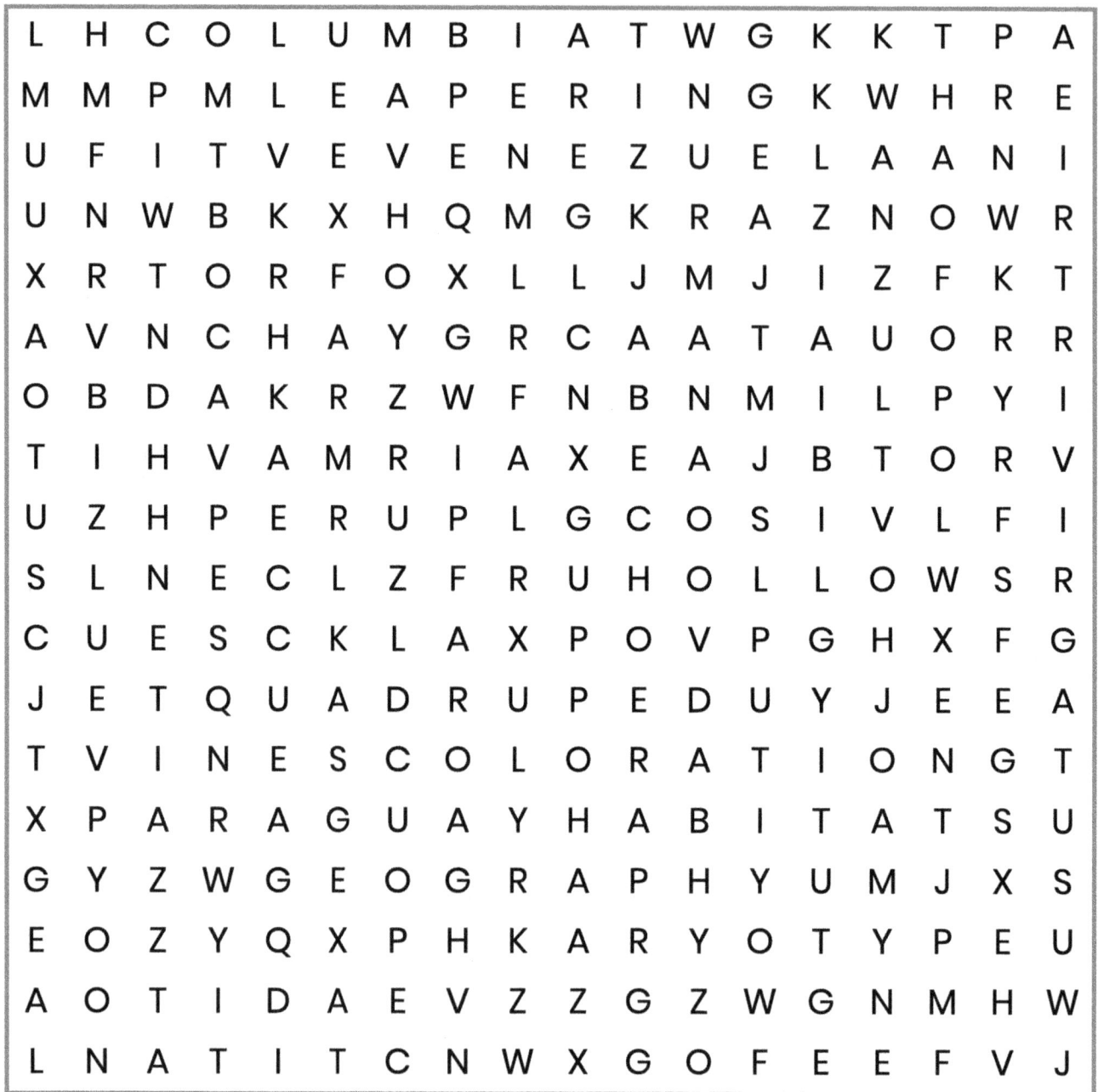

Word Search #31

Night Monkey Gathering

B	N	D	M	B	L	A	C	K	H	E	A	D	E	D	L	U	L
V	B	X	P	T	H	R	E	E	S	T	R	I	P	E	D	V	M
S	R	H	K	E	I	Y	W	X	W	E	N	H	L	C	P	K	K
X	G	A	I	D	R	S	A	Z	A	R	A	S	Q	U	G	X	T
Z	N	N	M	V	E	U	K	Q	S	R	M	H	Q	A	X	N	R
W	Z	D	I	U	P	U	V	O	C	K	Q	N	Y	D	R	W	E
F	Y	E	D	O	Y	L	C	I	K	C	A	Q	E	E	W	I	D
W	B	A	Y	P	Z	U	B	B	A	I	D	I	H	E	I	B	N
M	C	N	L	N	O	Q	X	D	B	N	L	T	S	L	L	H	E
S	T	J	U	O	E	U	P	M	U	L	R	S	U	B	G	R	C
C	G	C	U	I	U	Z	O	Y	E	O	K	O	E	V	T	M	K
S	P	S	G	S	I	L	H	B	N	C	C	J	Q	P	Q	D	E
Z	D	I	I	Y	O	I	Y	Q	A	U	G	O	H	O	A	X	D
O	L	V	S	C	L	A	D	B	O	J	Q	O	A	H	I	L	A
F	W	P	O	H	R	E	M	R	S	P	I	X	S	L	B	N	Z
H	V	L	L	G	H	U	U	K	Y	Y	F	X	A	Y	T	T	H
Z	P	P	F	H	R	O	O	D	Z	E	V	U	C	R	A	S	S
K	T	V	H	B	D	P	G	X	D	L	J	B	I	D	I	U	F

ANDEAN
BLACK HEADED
COLOMBIAN
GRAY-BELLIED
NORTHERN
PERUVIAN
SPIXS
AZARAS
BRUMBACKS
DOUROUCOULI
NOISY
OWL
RED-NECKED
THREE-STRIPED

Word Search #32

Crazy for Capuchins

Z	V	E	G	E	T	A	B	L	E	S	P	E	L	Y	W	Y	H
N	M	M	M	O	N	K	S	O	X	Z	B	S	J	W	H	B	S
D	N	T	B	W	U	S	R	F	X	Q	P	M	Y	U	I	B	P
O	W	P	B	L	H	M	X	N	V	O	T	K	I	E	T	L	S
I	H	J	R	A	R	I	Z	N	O	O	Y	B	G	Q	E	A	N
N	P	C	P	E	S	Q	T	R	J	U	B	D	I	V	F	C	G
T	A	P	E	T	H	O	T	E	Q	K	B	F	F	P	R	K	D
E	L	B	L	U	J	E	N	S	T	O	C	K	Y	B	O	C	A
L	M	P	J	A	O	U	N	M	T	H	Q	A	G	R	N	A	Y
L	F	C	I	Y	N	R	F	S	S	X	R	B	C	O	T	P	T
I	R	D	E	T	Q	T	L	U	I	S	T	O	O	W	E	P	I
G	U	C	W	B	U	Q	A	F	N	L	I	K	A	N	D	E	M
E	I	Y	B	U	U	F	G	T	J	T	E	W	C	T	X	D	E
N	T	J	C	A	P	S	T	X	I	E	U	E	N	G	E	S	Z
T	S	G	O	S	R	H	X	E	Z	O	R	F	O	X	Y	D	T
M	Y	E	E	Y	Z	E	F	C	D	G	N	F	T	K	P	T	Z
L	A	U	B	K	M	B	P	F	Z	B	S	S	T	E	E	A	Y
A	E	L	Z	Z	F	X	Y	W	Q	S	B	C	S	H	D	U	W

BLACK-CAPPED
CAPS
DAYTIME
MONKS
PLANTATIONS
STOCKY
TUFTED
VEGETABLES
BROWN
CEBUS
INTELLIGENT
PALM FRUITS
PREHENSILE
TROOPS
UNTUFTED
WHITE-FRONTED
WHITE-THROATED

Word Search #33

Squirrel Monkey Highlights

L	I	E	F	J	N	O	S	C	S	P	D	K	K	D	T	A	V
V	F	W	V	C	D	D	P	E	O	A	F	K	X	H	H	J	T
K	P	O	E	M	U	L	D	N	T	J	I	D	X	Y	U	U	J
T	M	L	N	B	U	A	E	W	N	N	H	M	D	H	C	N	H
A	D	Z	M	V	R	R	U	A	S	X	N	X	I	C	U	P	N
C	M	I	C	T	A	Q	W	O	V	K	Q	B	W	R	W	E	O
O	P	A	T	F	H	P	U	S	I	E	B	C	S	R	I	X	N
M	L	E	Z	X	B	Y	V	R	A	Z	S	E	M	R	C	P	P
M	P	Z	E	O	I	K	S	Y	S	U	L	B	B	W	I	R	R
U	F	V	D	P	N	X	O	K	D	D	U	B	S	Z	M	E	E
N	U	J	N	L	S	I	R	E	D	A	P	N	P	N	B	S	H
I	C	O	V	M	C	A	A	U	O	S	C	B	O	E	D	S	E
C	A	U	C	D	B	R	H	N	N	T	Z	M	L	Z	Q	I	N
A	G	U	I	A	N	A	S	D	H	K	M	I	Q	Y	Y	V	S
T	I	T	S	P	I	D	E	R	S	O	G	R	M	P	D	E	I
I	E	U	U	E	Y	P	T	E	C	A	G	U	C	Q	A	M	L
O	L	D	A	F	F	E	C	T	I	O	N	A	T	E	T	C	E
N	D	C	B	A	R	E	E	A	R	E	D	R	M	P	Z	K	R

AFFECTIONATE
AMAZONIAN
BARKS
COMMON
EXPRESSIVE
HUDDLE
NONPREHENSILE
PET TRADE

AGILE
BARE-EARED
BUDS
COMMUNICATION
GUIANAS
LEAVES
PEEPS
SAIMIRI

SPIDERS

Word Search #34

Mysterious Muriquis

W	X	G	P	H	U	G	G	I	N	G	E	Z	V	J	K	B	U
Q	E	Z	Q	N	P	E	A	C	E	F	U	L	P	O	A	M	F
W	A	F	Z	B	K	J	T	Z	C	P	P	S	W	Z	W	V	R
P	R	A	O	W	L	Z	Y	H	J	J	J	R	A	B	W	P	S
C	D	H	U	L	K	M	C	K	U	I	Y	D	U	X	A	B	R
O	I	U	I	Q	I	J	L	G	I	M	N	Q	H	Q	M	V	L
M	F	H	T	P	Y	V	O	S	R	O	B	I	S	U	R	A	Z
M	R	B	S	Q	P	W	O	O	L	L	Y	L	H	S	I	O	I
U	A	R	G	P	B	I	Z	R	V	P	N	T	E	C	H	D	J
N	G	A	L	I	I	H	E	J	O	R	K	L	O	S	A	J	X
A	M	Z	R	O	C	D	S	W	E	U	E	S	T	B	S	N	R
L	E	I	P	O	G	D	E	H	U	T	S	Y	C	S	R	P	W
T	N	L	M	U	N	G	T	R	Y	U	Y	Y	B	E	Q	A	J
C	T	I	G	O	U	U	I	H	S	D	H	E	H	F	L	Z	V
X	E	A	B	C	O	W	C	N	Y	Y	U	T	A	E	A	Q	J
M	D	N	O	S	G	A	L	O	G	J	R	Q	P	O	X	J	S
Y	K	G	X	L	R	A	X	X	W	O	U	G	A	N	P	S	U
O	N	Y	E	B	N	S	O	C	N	H	V	F	Y	L	C	Y	R

BONDS
BRAZILIAN
FOLIVOROUS
HIPPIE
LOGGING
PEACEFUL
SOUTHERN
THUMBLESS
BRACHYTELES
COMMUNAL
FRAGMENTED
HUGGING
NORTHERN
SOCIAL
SPIDER
THUMBS
WOOLLY

Word Search #35

Woolly Monkeys

Y	Q	P	Y	E	L	L	O	W	T	A	I	L	E	D	W	W	S
D	T	L	P	M	S	A	A	Y	X	N	E	H	T	J	L	V	D
N	E	W	D	O	Y	B	U	T	A	M	Q	C	Z	I	H	X	E
M	E	L	Y	Q	M	H	N	I	U	V	I	G	M	W	E	G	F
J	P	C	B	S	Q	N	B	S	D	K	M	A	P	H	P	P	O
A	S	P	L	T	I	M	I	E	D	B	P	Y	M	H	A	C	R
P	T	B	I	O	O	L	T	V	S	P	A	L	P	J	T	H	E
A	R	T	L	L	U	N	V	X	O	R	E	K	P	O	I	A	S
B	Q	M	O	Y	U	D	Z	E	G	R	G	R	Q	E	T	R	T
E	K	C	H	H	X	R	F	X	R	E	E	V	U	P	I	I	A
J	A	G	U	A	R	S	C	O	K	Y	T	S	U	V	S	S	T
W	M	S	L	B	Z	J	T	C	R	W	M	K	J	K	I	M	I
L	F	T	R	O	R	S	E	W	Z	E	T	J	S	D	H	A	O
P	N	C	Q	W	W	O	N	D	E	N	S	E	F	U	R	T	N
A	D	C	Q	N	O	L	W	B	G	S	Y	T	R	L	Y	I	B
K	L	W	Q	V	I	H	A	N	O	W	M	J	T	N	W	C	V
N	B	H	F	A	O	F	E	N	X	Q	X	C	S	W	M	I	L
C	U	G	J	O	Z	F	E	M	D	B	H	F	U	V	J	D	W

BROWN
CLOUD FOREST
DEFORESTATION
GRAY
HUNTED
LOWLAND
PERUVIAN
YELLOW-TAILED
CHARISMATIC
COLOMBIAN
DENSE FUR
HEPATITIS
JAGUARS
OMNIVORES
SILVERY

Word Search #36

Those Adorable Spiders

W	E	L	B	F	I	F	T	H	L	I	M	B	X	Q	L	E	H
H	L	C	S	W	M	Q	K	W	L	K	P	E	S	S	T	N	W
I	E	V	X	J	I	A	M	N	N	N	S	V	U	H	T	Q	K
T	N	S	Y	Y	Z	X	L	E	A	G	D	O	R	G	C	X	D
E	D	A	J	S	K	F	I	A	Z	G	R	B	A	P	P	B	J
B	A	H	T	R	F	L	W	B	R	T	U	U	S	O	I	B	K
E	N	U	A	E	O	L	J	T	X	I	G	S	C	T	B	R	B
L	G	B	I	T	L	T	O	E	R	R	A	H	L	B	V	O	L
L	E	K	L	A	H	E	D	W	J	T	S	M	E	E	T	W	O
I	R	O	L	F	N	U	S	T	E	Z	S	E	A	L	R	N	N
E	E	F	X	H	V	A	M	O	I	R	G	A	R	L	E	H	G
D	D	P	S	Z	E	W	D	B	C	L	S	T	C	I	D	E	T
S	H	O	O	Z	T	S	Z	G	L	K	Q	S	U	E	F	A	A
W	H	I	T	E	C	H	E	E	K	E	D	I	T	D	A	D	I
O	G	J	T	F	L	G	H	T	T	N	S	B	T	G	C	E	L
Y	N	E	H	T	A	J	T	V	A	Y	B	S	I	J	E	D	E
A	L	Y	M	O	S	D	T	B	V	O	I	O	N	P	D	Z	D
R	X	B	Y	G	E	O	F	F	R	O	Y	S	G	W	T	I	B

ATELES
BARK
BUSHMEAT
DEXTROUS
FIFTH-LIMB
GEOFFROY'S
MALARIA
RED-FACED
BANDS
BROWN-HEADED
CLEARCUTTING
ENDANGERED
FLOWERS
LONG-TAILED
POTBELLIED
THUMBLESS
WHITE-BELLIED
WHITE-CHEEKED

Word Search #37

Howling About Howlers

V	L	Z	I	I	B	R	O	A	D	L	E	A	F	R	W	I	R
Z	P	B	D	Y	L	H	L	Y	Y	Q	V	G	P	K	T	Z	Q
T	W	K	L	I	V	A	I	V	U	J	T	R	D	U	P	R	I
E	U	U	D	A	M	I	R	R	W	E	M	A	B	J	R	R	E
R	S	L	B	Y	C	O	W	G	E	U	T	S	G	M	I	T	G
R	A	G	X	A	W	K	R	C	E	J	K	P	O	R	M	L	V
I	Y	E	V	U	C	C	D	P	C	S	I	I	U	Z	A	Z	M
T	G	I	A	D	F	T	H	F	H	Z	T	N	V	T	R	L	N
O	S	T	O	F	R	H	E	O	G	I	B	G	I	H	Y	H	A
R	L	E	A	V	E	S	T	R	R	E	S	L	G	L	A	J	W
I	D	N	A	H	Y	O	I	D	I	U	O	M	O	Y	E	N	K
E	Y	V	V	S	B	K	W	D	M	A	S	C	S	N	L	G	G
S	Q	Q	Z	H	E	R	B	I	V	O	R	O	U	S	D	Y	T
J	F	C	S	U	C	H	M	L	L	O	U	D	E	S	T	E	O
N	E	F	I	G	H	T	I	N	G	S	F	Y	D	P	U	X	N
C	B	O	J	D	M	D	E	C	I	D	U	O	U	S	J	O	G
P	J	C	F	L	I	C	K	I	N	G	T	D	C	T	I	D	U
D	A	U	G	E	S	F	E	R	M	E	N	T	A	T	I	V	E

BACTERIA
BLONDE
CHORUS
DIMORPHISM
FIGHTING
GRASPING
HYOID
LEAVES
BLACK
BROADLEAF
DECIDUOUS
FERMENTATIVE
FLICKING
HERBIVOROUS
LARGEST
LOUDEST
PRIMARY
TERRITORIES
TONGUE

Word Search #38

Pitheciidae Family Highlights

K	Y	N	K	Y	I	K	A	A	A	H	V	Y	C	Z	G	J	Y
C	Z	Q	V	Z	O	N	B	C	X	F	P	T	Q	F	L	I	P
H	H	E	C	O	T	O	U	R	I	S	M	Z	I	K	B	Z	O
I	A	Z	U	S	A	K	I	S	S	C	K	A	H	T	F	X	A
R	N	Q	A	W	K	W	H	I	O	T	X	R	T	J	I	X	R
O	I	B	O	R	P	Q	R	A	F	Q	A	L	Z	O	U	S	A
P	T	F	A	V	O	A	J	I	P	D	X	M	K	A	H	Y	P
O	E	A	R	N	K	A	C	I	P	D	I	U	R	N	A	L	T
T	R	Y	T	A	C	F	A	I	H	A	I	Y	Z	A	T	J	O
E	O	I	U	A	P	H	L	W	G	E	R	U	D	J	Z	R	R
S	P	L	C	L	D	X	L	G	S	X	S	I	M	A	B	N	S
M	A	L	T	R	I	C	I	A	L	Q	J	G	A	E	T	T	G
U	R	G	H	T	R	G	C	V	T	H	B	F	Z	N	O	B	O
S	O	X	O	P	U	R	E	L	L	A	I	T	G	B	G	W	A
V	U	H	P	X	J	R	B	O	U	G	J	T	V	T	D	I	C
V	S	Z	N	Z	K	A	U	C	S	O	C	I	A	L	E	E	U
I	M	H	U	T	X	I	S	U	G	D	J	O	J	V	L	M	O
A	D	M	P	I	S	M	A	L	L	G	R	O	U	P	S	F	J

ALTRICIAL
CALLICEBUS
DIURNAL
ITEROPAROUS
RIPARIAN
SMALL GROUPS
TITIS
CACAJAO
CHIROPOTES
ECOTOURISM
RAPTORS
SAKIS
SOCIAL
UAKARIS

Word Search #39

Meet the Sakis

H	N	C	J	V	T	J	Q	N	K	W	P	W	M	F	K	I	D
O	W	E	B	Q	C	L	L	I	L	Z	L	S	S	B	S	V	W
Z	S	E	K	C	E	I	B	E	A	R	D	E	D	E	H	A	H
W	H	I	T	E	F	A	C	E	D	E	D	J	Y	A	M	F	I
F	R	G	F	G	U	G	U	H	C	E	S	B	U	R	R	U	T
I	C	V	E	V	K	O	S	A	D	T	F	L	Z	D	R	R	E
N	G	K	D	H	P	U	F	A	I	Z	T	A	Y	E	G	Q	N
D	C	M	P	A	T	D	E	U	A	K	A	C	B	D	U	V	O
E	Z	K	N	O	L	H	R	F	F	V	I	K	D	M	W	Y	S
H	P	J	R	A	E	F	W	M	Y	Y	L	B	I	M	O	R	E
I	T	K	B	L	D	V	Z	F	S	F	W	E	M	O	M	N	D
S	B	N	A	R	A	B	F	I	L	G	A	A	G	X	K	S	K
C	P	P	A	A	P	U	H	Q	Q	K	G	R	S	N	J	V	O
E	V	H	S	L	B	J	A	E	E	M	G	D	V	N	E	K	Z
N	L	W	Y	R	H	A	Q	S	F	L	I	E	Z	J	K	E	B
T	K	W	K	I	S	T	Q	E	K	G	N	D	A	J	E	E	I
Q	X	H	P	V	Y	B	C	E	I	H	G	M	H	L	N	A	G
L	Q	E	I	Q	W	T	A	D	K	U	X	J	J	Z	B	O	S

BALD-FACED
BLACK BEARDED
HARD FRUITS
MONK
PALE-HEADED
TAIL-WAGGING
WHITE-NOSED
BEARDED
BUFFY
INDEHISCENT
NAPO
SEED
WHITE-FACED

Word Search #40

Buffy Saki Thoughts

P	R	B	S	W	G	A	G	F	B	R	A	Z	I	L	I	D	N
S	U	B	T	R	O	P	I	C	A	L	U	U	B	P	A	W	P
I	S	F	R	U	G	I	V	O	R	O	U	S	P	Y	M	L	I
B	W	U	P	S	I	D	E	D	O	W	N	T	V	Z	A	F	L
H	H	O	P	U	J	N	E	O	T	R	O	P	I	C	A	L	O
A	I	B	V	F	Y	F	O	C	E	R	A	R	E	F	O	Y	E
N	T	S	L	X	L	E	H	L	S	F	G	T	X	S	H	T	R
F	E	C	C	A	W	R	R	O	H	M	T	V	A	P	F	R	E
D	F	U	P	E	C	B	V	U	Y	N	Y	K	S	I	C	W	C
K	O	N	D	A	N	K	J	C	K	W	W	A	C	Q	D	Q	T
K	O	K	W	H	I	T	T	T	S	U	H	Z	P	Q	M	M	S
O	T	N	X	Z	N	I	G	A	V	E	I	K	D	A	X	Y	E
Y	E	O	Z	L	Y	E	Y	L	I	X	T	B	E	O	Y	B	N
P	D	W	K	U	S	F	Z	J	A	L	E	R	G	F	Z	V	O
S	N	N	G	R	F	H	Q	Y	K	N	C	X	B	C	L	D	O
K	J	U	A	U	P	U	F	F	S	W	D	J	D	I	S	B	W
H	R	O	L	Z	H	F	N	M	A	F	G	S	A	P	O	N	T
D	C	F	N	O	N	P	R	E	H	E	N	S	I	L	E	B	P

BLACK TAIL
COARSE
FLUFFY
NEOTROPICAL
PILOERECTS
RARE
SHY
UNKNOWN
BRAZIL
CREAM
FRUGIVOROUS
NONPREHENSILE
PUFFS
SCENT GLANDS
SUBTROPICAL
UPSIDE-DOWN
WHITE
WHITE-FOOTED

Word Search #41

Unfathomable Uakaris

R	R	O	B	E	X	P	R	E	S	S	I	O	N	S	D	D	A
E	I	S	Q	C	S	Z	X	E	M	P	Q	J	Y	H	S	T	Y
D	U	H	C	A	W	U	B	Q	L	O	X	B	Z	X	W	X	Z
X	B	O	N	A	M	G	S	I	E	E	V	N	A	N	M	U	O
M	R	R	K	B	C	C	U	P	Q	N	V	B	X	L	E	U	O
K	A	T	C	Q	A	A	M	C	E	L	D	A	J	E	D	O	R
S	Z	T	X	M	K	H	J	S	A	N	R	E	T	Z	M	K	B
P	I	A	Y	K	E	W	Y	A	R	Y	S	R	M	I	Q	V	F
E	L	I	N	D	M	B	H	A	O	Z	A	I	W	I	O	M	H
C	N	L	N	N	G	E	I	R	B	J	U	L	O	K	C	N	P
I	U	E	Y	S	E	L	Z	O	L	Z	C	R	I	N	U	B	I
A	T	D	R	A	U	R	B	U	E	P	W	I	I	F	L	Z	Y
L	S	L	J	C	V	F	J	T	A	P	T	A	R	V	G	Z	K
I	I	W	E	G	S	A	R	I	P	A	R	I	A	N	E	O	D
Z	S	P	P	H	O	U	R	E	S	Z	G	I	N	A	V	R	H
E	O	M	K	C	T	J	I	I	S	T	V	X	R	H	Z	I	S
D	A	Z	G	O	G	M	E	C	O	L	O	G	Y	U	X	J	I
P	H	S	S	C	O	N	S	E	R	V	A	T	I	O	N	O	W

BALD
CACAJAO
ECOLOGY
ENDEMIC
LEAPS
RED
RIVERS
SPECIALIZED
BRAZIL NUTS
CONSERVATION
ELEVATION
EXPRESSIONS
PECULIAR
RIPARIAN
SHORT-TAILED
SUSPENSION
UCAYALI
YAVARI

Word Search #42

Hello Titi

G	U	X	V	T	U	F	Q	V	T	A	J	R	W	C	J	Q	Z
D	K	M	M	P	P	A	A	X	F	D	U	Y	C	A	U	H	T
V	P	Y	F	W	P	T	Z	V	R	K	U	Y	C	L	E	U	L
L	H	C	E	W	Z	H	D	U	E	T	S	B	W	L	A	B	A
C	T	N	H	G	O	E	G	T	K	J	U	E	A	I	S	S	Q
M	L	C	V	O	J	R	O	Z	Z	Q	U	C	W	C	L	M	E
O	B	I	O	Z	F	S	G	U	F	J	O	M	V	E	K	C	N
N	B	H	N	O	M	F	H	R	Y	V	X	H	P	B	Z	N	T
O	R	F	Z	G	P	N	S	L	O	U	D	I	O	I	C	A	W
G	P	M	A	Q	I	E	Y	P	Y	O	M	O	N	N	N	P	I
A	P	V	S	M	O	N	R	R	R	K	M	B	B	A	Y	G	N
M	A	F	U	B	I	N	G	A	C	I	E	I	D	E	R	S	I
O	I	O	U	O	Q	L	U	D	T	V	N	N	N	Y	Z	N	N
U	R	K	N	N	N	F	I	R	D	I	T	G	J	G	S	Q	G
S	B	Z	X	D	K	O	M	E	S	U	O	U	P	E	Z	F	Z
N	O	T	H	I	Y	W	M	Y	S	I	D	N	G	Q	T	F	F
Z	N	N	K	N	R	T	B	H	L	O	N	U	G	S	O	K	A
T	D	K	Z	G	B	M	G	C	K	S	V	G	D	W	U	I	V

BONDING
CLINGING
DUETS
FAMILIES
GROOMING
LOUD
NURSING
PAIRBOND
CALLICEBINAE
COOPERATION
ENTWINING
FATHERS
JUMPING
MONOGAMOUS
OFFSPRING
VOCAL

Word Search #43

A Gathering of Titis

M	D	H	Q	W	H	I	T	E	C	O	A	T	E	D	Y	J	W
G	H	E	R	S	H	K	O	V	I	T	Z	S	U	E	X	A	H
C	U	Q	Q	L	Q	T	O	P	P	I	N	S	O	L	T	T	I
H	U	A	F	B	G	C	O	J	T	G	G	J	K	E	U	W	R
E	R	T	P	D	R	C	X	R	L	W	I	F	U	S	R	M	G
S	E	C	G	H	M	N	X	B	N	C	A	Q	N	E	Z	Y	O
T	D	P	O	O	X	Q	W	S	M	A	A	O	F	I	R	D	A
N	H	H	Z	L	B	A	L	P	R	C	T	I	A	E	B	U	T
U	E	V	Y	X	L	H	J	W	U	L	C	E	P	A	B	K	L
T	A	F	U	W	X	A	W	L	I	U	X	P	B	F	P	T	A
B	D	Y	Z	Z	J	L	R	M	L	O	O	M	Z	R	Q	L	N
E	E	U	E	I	R	N	E	E	Y	C	A	L	C	P	D	C	T
L	D	M	A	D	I	D	I	A	D	B	G	T	L	I	W	J	I
L	Z	L	S	E	V	O	M	W	U	T	L	X	L	A	N	O	C
I	Q	O	J	Y	E	O	X	R	T	N	W	D	N	Q	L	N	G
E	K	Q	C	L	I	F	U	P	A	R	E	C	I	S	B	A	I
D	T	I	C	R	B	L	A	C	K	H	A	N	D	E	D	P	H
L	K	V	G	N	T	Y	M	V	X	Y	I	C	H	N	Y	F	T

ATLANTIC
CAQUETA
COLLARED
HERSHKOVITZ'S
MADIDI
OLLALA
PARECIS
RIO-MAYO
BLACK-HANDED
CHESTNUT-BELLIED
COPPERY
LUCIFER
MILTON'S
ORNATE
REDHEADED
TOPPIN'S
URUBAMBA
WHITE-COATED

Word Search #44

Old World Monkey Overview

O	C	E	R	C	O	P	I	T	H	E	C	I	N	E	S	P	P
D	I	I	K	P	G	D	H	A	S	U	Y	Y	R	P	Y	S	S
M	N	Q	H	K	J	S	I	Z	D	H	J	J	N	S	A	T	W
J	O	W	O	K	B	S	H	A	Y	F	B	W	M	M	S	E	U
M	S	V	N	E	A	C	I	T	I	E	S	J	I	E	E	R	A
U	T	C	I	O	X	E	O	V	F	L	Z	M	R	S	E	B	X
Q	R	S	H	A	B	I	T	A	T	S	M	O	N	X	D	W	E
W	I	U	H	I	Q	N	X	Z	G	O	F	H	I	B	W	D	S
J	L	B	Z	C	O	L	O	B	I	N	E	S	Z	O	A	D	N
L	S	F	D	B	M	A	W	T	I	G	W	C	Y	R	N	D	A
U	G	A	D	D	K	L	P	A	X	D	E	S	E	R	T	S	Q
M	N	M	V	H	G	L	R	L	A	F	R	I	C	A	W	Y	V
L	W	I	O	H	T	A	I	L	E	D	R	H	F	U	F	O	S
Z	N	L	A	Z	Y	G	O	G	L	L	D	S	Q	S	Q	C	F
H	H	I	M	O	Z	S	N	O	W	W	U	X	G	Z	T	N	S
Z	E	E	O	C	E	R	C	O	P	I	T	H	E	C	I	D	S
L	A	S	D	I	V	E	R	S	I	F	I	C	A	T	I	O	N
M	N	P	R	E	M	O	L	A	R	S	R	Q	C	P	T	K	C

AFRICA
CERCOPITHECIDS
CITIES
DESERTS
HABITATS
PRE-MOLARS
SNOW
TAILED
ASIA
CERCOPITHECINES
COLOBINES
DIVERSIFICATION
NOSTRILS
RAINFORESTS
SUB-FAMILIES

Word Search #45

Old World Monkey Gathering

B	F	F	J	U	G	P	R	O	B	O	S	C	I	S	G	F	Z
M	B	C	F	M	A	N	G	A	B	E	Y	P	O	M	O	Y	M
U	A	V	O	O	P	N	N	G	U	E	N	O	N	V	L	L	A
S	G	A	K	L	O	B	J	V	N	O	G	C	U	J	N	O	C
T	N	A	B	O	O	A	O	S	I	L	A	E	S	L	R	F	A
A	B	L	B	F	X	B	J	N	W	W	F	L	X	G	I	B	Q
C	J	A	Z	O	V	V	U	G	N	A	D	N	T	V	K	M	U
H	B	N	V	R	T	E	I	S	Q	E	M	V	X	T	L	J	E
E	O	H	P	M	O	R	X	L	N	D	T	P	K	L	A	Q	S
D	V	T	A	A	T	V	V	F	Z	G	W	N	A	R	N	V	T
T	S	W	T	N	A	E	R	E	U	N	Q	T	J	S	G	R	R
U	M	U	A	D	L	T	Z	B	B	E	W	K	U	C	U	O	P
U	R	O	S	R	A	R	G	A	M	M	C	S	G	L	R	J	X
T	S	Z	O	I	P	U	E	R	I	W	E	U	A	S	S	A	M
P	B	T	H	L	O	J	L	B	U	H	K	R	L	S	R	G	W
S	M	X	A	L	I	L	A	A	R	B	F	S	B	G	U	J	V
Q	L	I	E	L	N	T	D	R	Q	R	Z	L	A	A	F	F	R
E	P	G	E	P	P	M	A	Y	K	B	P	V	K	E	V	F	W

ASSAM
BARBARY
COLOBUS
GUENON
MACAQUES
MANGABEY
PATAS
RHESUS
BABOON
BONNET
GELADA
LANGURS
MANDRILL
MUSTACHED
PROBOSCIS
SWAMP
TALAPOIN
VERVET

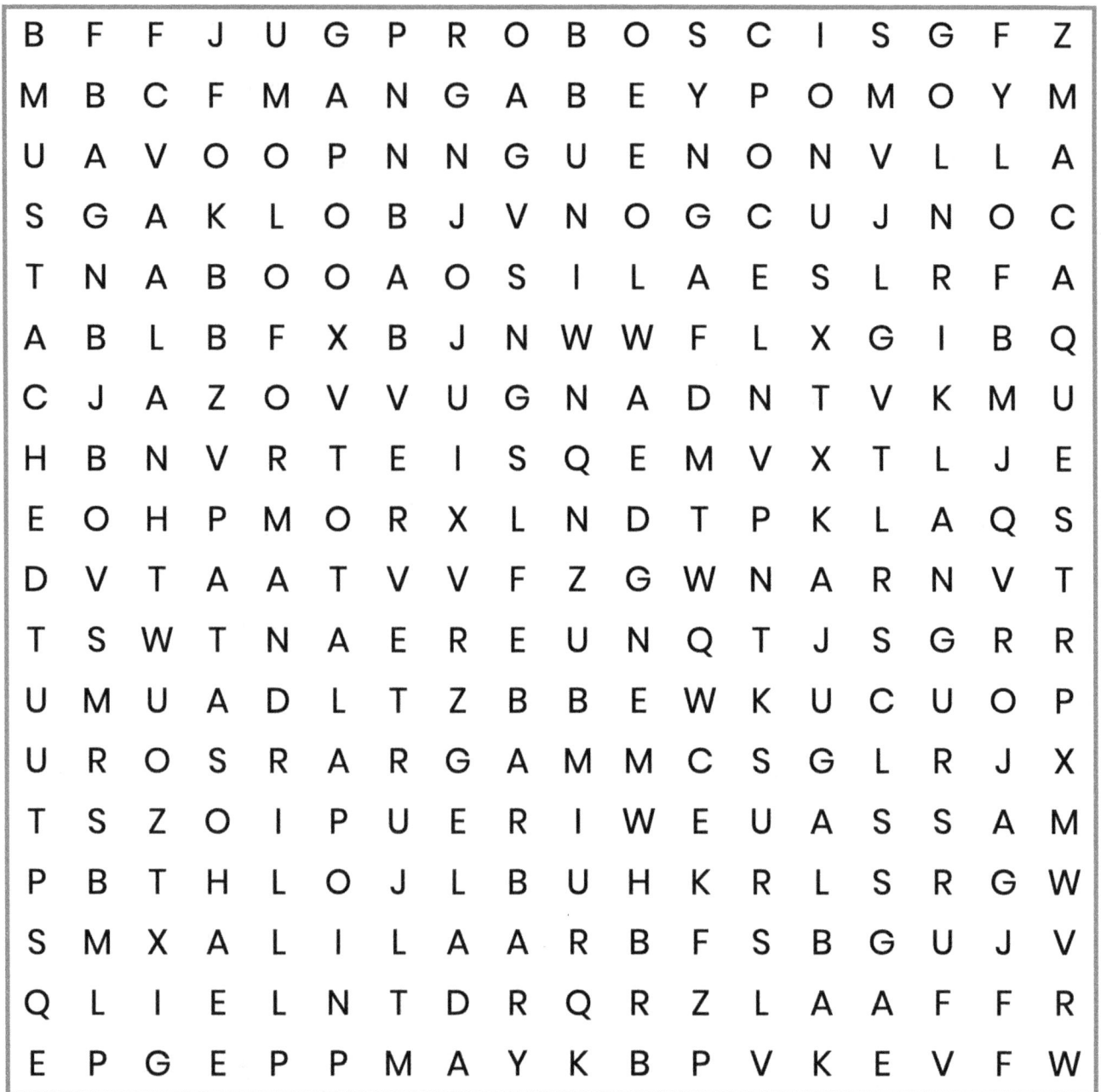

Word Search #46

Colobinae Highlights

N	L	I	P	L	A	N	T	A	T	I	O	N	S	X	Z	Q	T
W	E	L	O	N	G	A	T	E	D	Y	X	G	T	Z	U	S	E
M	N	Y	F	M	N	G	P	H	N	K	S	D	C	Z	Z	M	Y
V	U	L	E	A	V	E	S	O	E	I	E	H	M	W	D	Z	Y
E	U	W	X	C	D	C	C	R	C	T	C	W	P	S	X	M	D
W	H	B	J	B	O	A	P	S	A	A	L	F	K	M	M	O	B
S	Y	D	L	F	J	C	O	L	M	S	E	J	H	M	E	R	T
O	R	I	L	D	V	B	U	O	E	J	A	B	E	N	D	P	A
P	H	G	L	N	O	C	T	N	J	L	F	K	R	Q	O	H	V
U	X	E	I	R	C	S	I	U	C	C	E	V	B	L	C	O	K
M	U	S	P	A	X	T	B	Q	O	O	A	Y	I	U	E	L	B
Y	M	T	S	C	S	G	W	H	L	Y	T	G	V	N	L	O	E
N	P	I	M	E	F	D	J	C	O	H	I	L	O	G	L	G	A
T	U	O	T	W	A	Z	U	O	B	T	N	A	R	U	U	I	R
Q	A	N	I	T	N	G	A	Y	U	O	G	N	E	R	L	C	I
C	I	S	A	L	I	V	A	S	S	A	N	D	S	S	O	A	B
D	I	P	T	E	R	O	C	A	R	P	P	S	M	J	S	L	K
N	L	I	F	C	B	F	Y	S	Q	N	B	A	B	Z	E	Y	W

CELLULOSE
DIGESTION
ELONGATED
HERBIVORES
LEAF-EATING
LUNGURS
PLANTATIONS
SACCULATED
COLOBUS
DIPTEROCARP
GLANDS
INTESTINES
LEAVES
MORPHOLOGICAL
PROBOSCIS
SALIVA
STOMACH

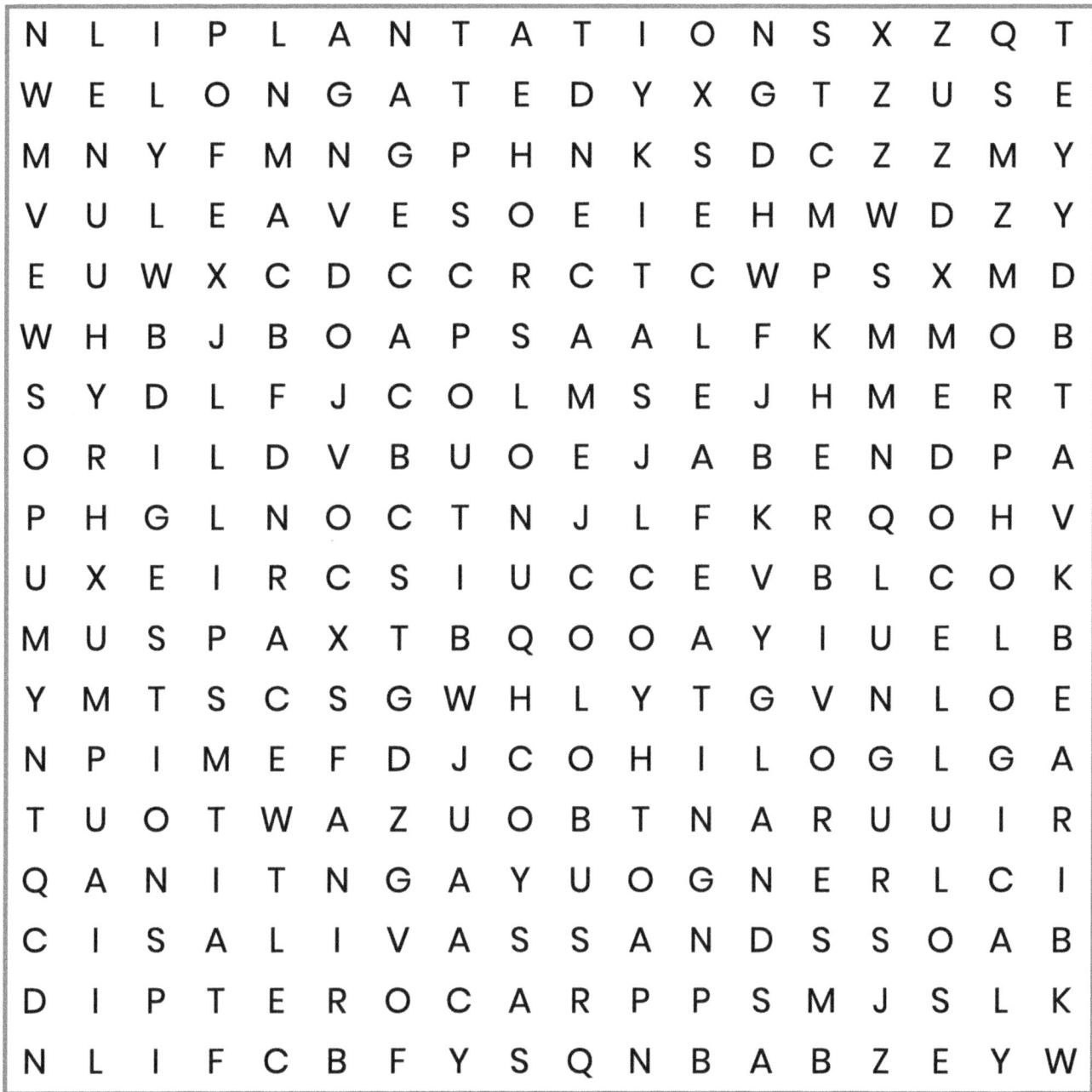

Word Search #47

The Proboscis Up Close

Z	C	R	O	C	O	D	I	L	E	S	F	Q	A	Y	K	A	B
M	N	T	A	I	B	O	R	N	E	O	F	G	W	M	N	T	X
I	M	A	N	G	R	O	V	E	S	A	X	W	T	W	K	T	G
S	W	B	G	Z	Y	M	R	E	X	I	B	E	I	S	L	R	Y
T	I	D	Z	Q	M	M	Z	B	A	N	D	P	M	W	N	A	K
Z	K	T	X	U	Q	P	B	E	F	W	M	I	B	I	A	C	N
L	J	C	Q	P	Z	J	L	E	B	P	I	W	E	M	S	T	V
E	V	P	M	A	Y	S	R	I	K	G	M	C	R	M	A	I	H
X	Q	Z	A	L	P	L	U	I	H	A	R	E	M	I	L	O	C
J	Q	I	F	M	E	I	C	J	V	F	N	O	A	N	I	N	D
C	R	V	A	O	M	J	W	K	D	E	H	T	B	G	S	U	Y
G	L	W	B	I	R	B	W	O	F	O	R	F	A	E	D	C	Y
L	S	G	S	L	J	U	H	E	H	H	R	S	S	N	A	W	F
M	J	A	K	W	K	C	H	V	B	F	X	O	L	C	Q	A	Y
U	L	O	W	N	E	P	A	V	H	B	N	C	I	P	K	S	F
J	I	D	K	Y	L	A	Z	X	N	B	E	L	L	O	K	D	T
O	B	J	C	G	Q	K	O	M	S	L	E	D	D	X	H	W	N
M	C	O	G	Z	G	R	J	Q	C	D	D	X	N	X	H	U	F

ATTRACTION
BEKANTAN
CROCODILES
ECHO
MANGROVES
NOSES
RIVERS
SWIMMING

BAND
BORNEO
DELICACY
HAREM
NASALIS
PALM OIL
SWAMPS
TIMBER

WEBBED

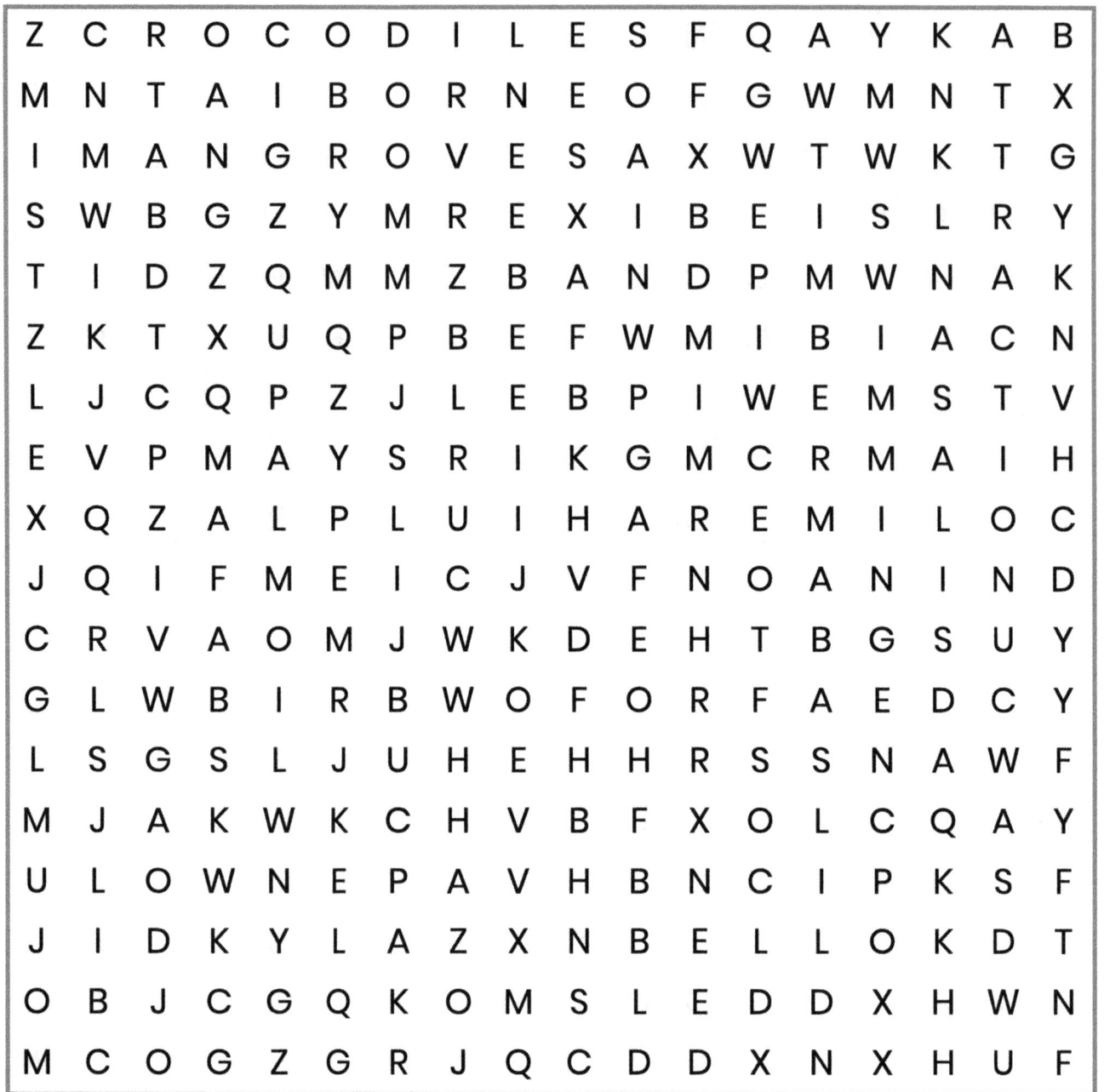

Word Search #48

The Colobus Clans

C	Q	F	B	A	F	R	V	Y	L	G	G	K	A	I	T	E	Q
K	J	U	W	M	Z	Y	R	O	R	N	N	T	S	E	A	N	D
N	L	P	D	L	I	Z	D	K	I	A	C	K	V	N	R	J	T
S	J	J	H	Z	R	D	H	K	I	G	R	I	I	M	G	M	O
M	A	F	G	I	U	S	I	N	B	A	L	B	A	L	P	P	U
T	I	M	H	U	J	N	I	J	B	O	O	Q	X	O	Y	A	R
H	L	U	H	P	E	S	G	I	A	L	U	S	F	A	G	E	X
U	S	T	G	D	S	R	Z	W	O	N	E	Z	M	O	U	K	F
M	M	I	B	Y	F	N	E	C	A	L	G	R	E	D	K	S	L
B	A	L	B	V	A	E	Q	Z	T	Q	Z	O	N	J	E	U	E
L	N	A	L	Z	E	A	E	N	A	S	L	B	L	Y	S	B	I
E	T	T	Y	R	X	N	A	T	R	O	O	P	S	A	B	J	V
S	L	E	X	Q	I	M	G	L	E	F	A	E	N	W	N	Y	R
S	E	D	D	S	E	P	E	N	N	A	N	T	S	K	A	R	B
M	D	O	R	V	K	I	L	I	M	A	N	J	A	R	O	F	K
G	S	U	W	W	H	I	S	K	E	R	S	F	B	L	A	C	K
Q	N	G	R	E	G	A	R	I	O	U	S	A	Y	X	Q	P	D
Y	O	H	L	E	O	P	R	Y	C	J	H	H	I	T	S	C	T

ABYSSINIAN
BLACK
GREGARIOUS
KILIMANJARO
MANTLED
MUTILATED
PENNANT'S
THUMBLESS
ANGOLAN
COLOBINAE
GUEREZA
KING
MANTLES
OLIVE
RED
TROOPS
UDZUNGWA
URSINE
WHISKERS
ZANZIBAR

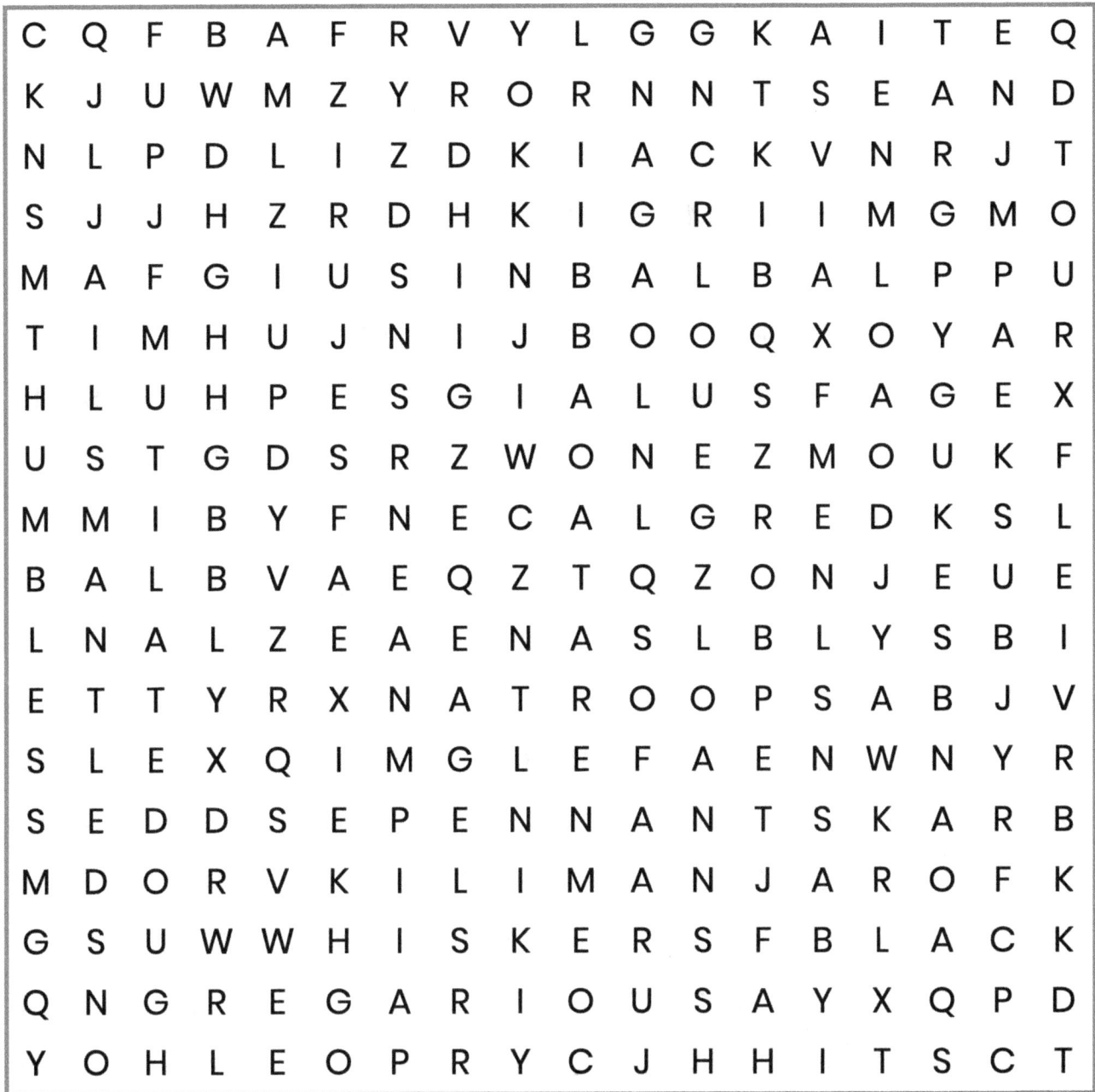

Word Search #49

Cercopithecines Summary

Y	B	F	T	H	E	R	O	P	I	T	H	E	C	U	S	H	H
D	Q	L	T	T	E	O	P	W	U	A	E	R	D	M	E	C	T
J	M	A	C	O	F	R	L	A	Z	Z	Y	L	Z	J	S	A	C
N	B	Y	L	H	W	M	Y	D	P	I	S	C	H	I	A	L	J
F	O	V	D	L	E	S	I	T	W	I	H	O	P	R	F	L	O
B	C	R	U	C	E	E	W	O	H	O	O	C	D	F	D	O	X
R	E	S	T	H	I	N	K	D	P	R	R	U	B	G	F	S	F
O	R	D	C	H	C	W	O	S	U	I	O	L	C	W	N	I	U
S	C	U	O	C	A	E	A	P	C	F	T	C	D	S	K	T	A
Q	O	K	U	M	S	F	R	R	I	U	B	H	E	I	Z	I	R
P	P	V	L	I	N	A	R	C	A	T	N	P	E	B	M	E	R
E	I	F	S	E	U	I	C	I	O	B	H	Z	A	C	U	S	W
N	T	Q	V	B	X	R	V	R	C	C	I	E	A	S	U	S	B
Z	H	H	O	E	G	T	J	O	E	A	E	A	C	X	M	S	C
A	E	H	V	O	A	S	I	A	R	D	X	B	N	U	N	Z	M
H	C	W	R	G	Y	S	S	F	D	O	H	V	U	M	S	J	L
P	U	K	W	E	M	A	C	A	C	A	U	S	U	S	S	I	M
E	S	I	I	N	C	W	D	U	T	C	A	S	R	Y	I	P	Q

ALLENOPITHECUS
ASIA
CERCOCEBUS
CHEEKS
ISCHIAL
MIOPITHECUS
OLD WORLD
PAPIO
ARABIAN
CALLOSITIES
CERCOPITHECUS
ERYTHROCEBUS
MACACA
NORTH AFRICA
OMNIVOROUS
POUCHES
SACRED
THEROPITHECUS

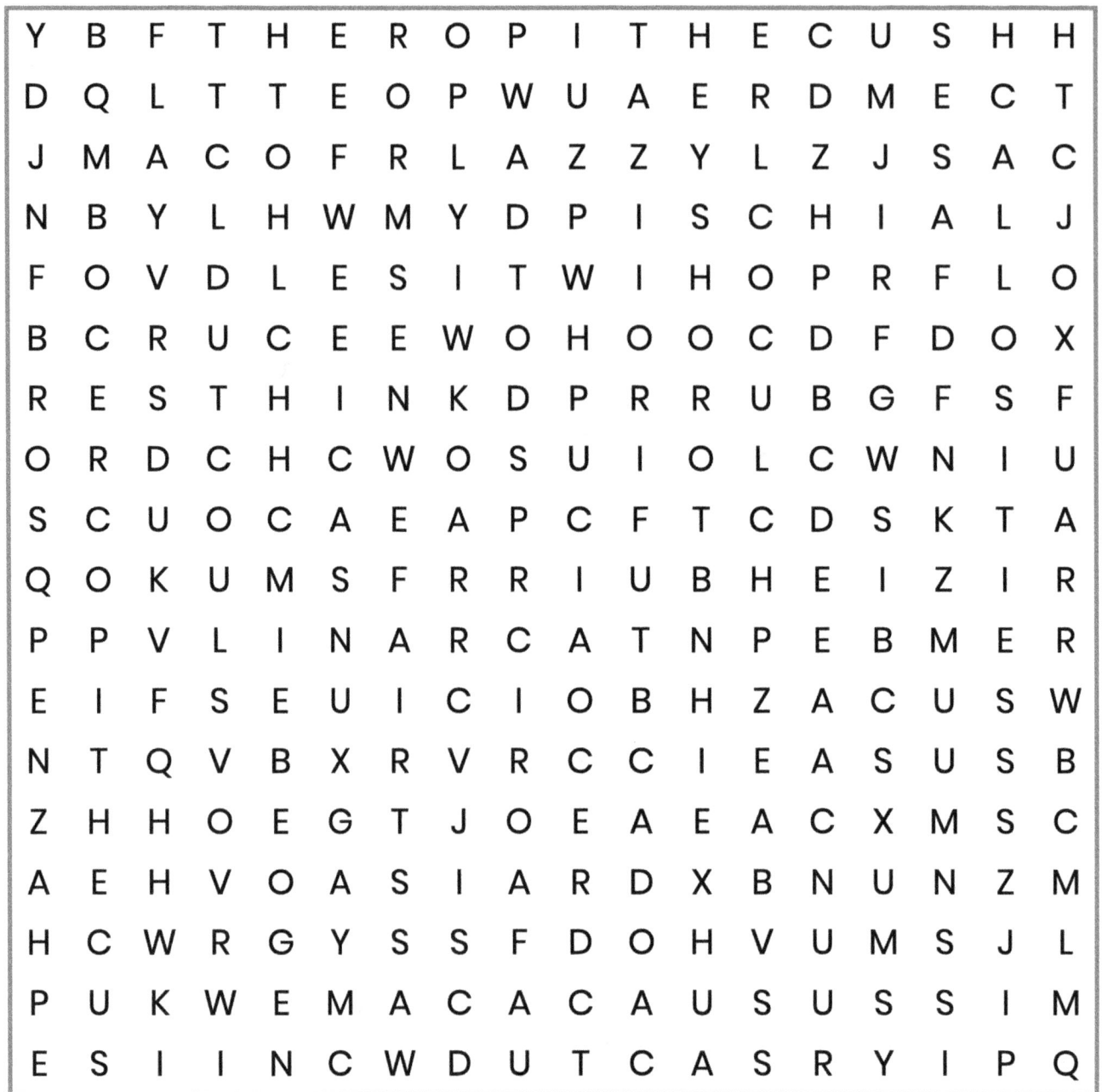

Word Search #50

Speaking of Sacred Baboons

A	Y	U	T	E	V	M	X	K	E	N	G	C	S	S	F	Q	W
A	D	O	R	N	M	E	N	T	S	N	N	E	U	S	T	Z	E
G	M	U	C	Y	F	Q	J	D	I	U	L	O	P	A	V	E	L
P	I	U	V	D	P	T	E	K	M	P	I	Y	S	U	Y	K	C
T	E	N	S	B	A	I	C	A	M	R	D	A	E	D	E	C	I
D	N	E	X	O	F	A	H	E	E	C	Y	E	D	I	C	W	F
Y	A	B	I	I	M	K	T	T	A	R	R	G	N	A	H	F	T
O	G	P	M	S	N	F	S	I	D	Y	E	Y	H	R	A	B	I
R	A	M	P	A	C	Y	P	A	N	S	V	P	A	A	T	S	I
P	U	I	T	K	M	O	M	H	K	G	E	T	P	B	T	N	L
M	L	U	O	H	I	A	M	M	S	Y	R	I	K	I	E	S	R
O	T	W	P	H	H	Y	B	P	N	E	E	A	R	A	R	O	B
G	T	G	T	Y	S	P	R	Z	L	M	D	N	A	S	I	M	L
A	K	E	J	D	C	D	K	E	W	E	A	H	W	U	N	A	D
K	S	I	L	V	E	R	F	O	I	N	X	Z	M	I	G	L	E
D	C	X	A	E	L	U	X	O	R	M	G	F	J	H	G	I	L
O	R	B	C	X	M	E	N	I	E	A	P	G	D	Q	K	A	F
D	Z	I	K	N	X	L	N	E	Y	B	F	X	D	S	N	Q	D

ADORNMENTS
COMPLEX
ETHIOPIA
LIP-SMACKING
MUMMIFIED
PAPIO
SAUDI ARABIA
SOMALIA
CHATTERING
EGYPTIAN
HAMADRYAS
LUXOR
MYSTERIOUS
REVERED
SILVER
TEMPLES
TUTANKHAMUN
YEMEN

Word Search #51

China's Golden Monkey

G	R	S	J	Y	S	H	R	U	G	G	I	N	G	N	Q	W	G
T	T	X	M	E	E	D	J	Q	T	R	R	C	L	T	B	M	P
A	R	P	O	T	U	E	K	T	H	I	P	O	Y	X	Z	D	O
V	H	N	S	W	I	N	T	E	R	Z	B	A	P	T	H	E	L
V	I	I	K	Z	F	B	P	N	L	C	P	E	N	Y	X	C	Y
E	N	A	D	V	H	O	R	A	D	N	E	M	T	D	I	I	G
N	O	H	E	M	B	S	A	O	N	Q	N	J	H	A	S	D	Y
T	P	E	R	X	O	L	E	L	A	D	H	I	V	B	N	U	N
R	I	A	L	O	P	U	U	A	H	D	A	R	E	V	S	O	O
I	T	Y	A	E	X	R	N	E	S	V	L	S	X	R	N	U	U
L	H	C	Z	P	V	E	E	T	F	O	B	E	Q	R	U	S	S
O	E	W	O	S	H	A	L	S	A	A	N	U	A	X	B	D	B
Q	C	T	S	N	I	D	T	L	S	I	C	A	M	F	N	F	T
U	U	V	M	M	I	C	F	I	A	I	N	E	L	T	O	V	I
I	S	U	Y	D	B	F	H	H	O	N	O	S	D	F	S	K	M
S	I	S	R	O	J	S	E	U	D	N	A	N	U	W	E	Y	S
T	V	N	R	X	P	R	I	R	A	I	R	I	S	B	D	D	G
T	Z	K	I	F	I	S	S	I	O	N	F	U	S	I	O	N	K

BLUE-FACED
CONIFER
ELEVATION
FISSION-FUSION
PANDAS
RHINOPITHECUS
SEASONAL
SICHUAN
BROADLEAF
DECIDUOUS
EXPRESSIONS
MOUNTAINS
POLYGYNOUS
ROXELLANA
SHRUGGING
SNUB-NOSED
TIBETAN
VENTRILOQUIST
WINTER

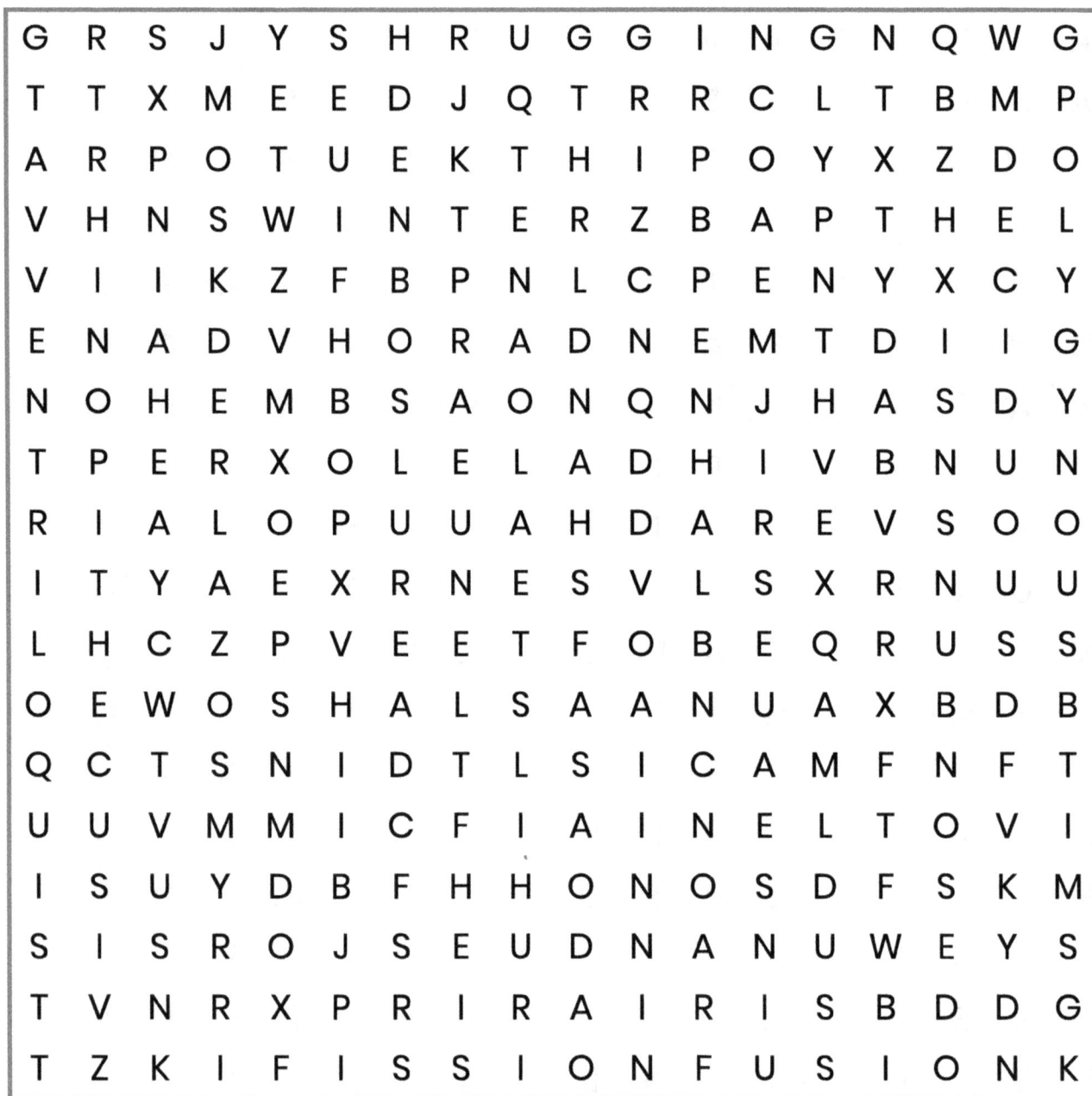

Word Search #52

Speaking of Apes

J	R	A	I	N	D	O	N	E	S	I	A	S	S	E	I	E	K
M	C	H	I	M	P	A	N	Z	E	E	B	J	E	N	P	L	Q
P	E	A	W	Q	O	D	A	B	F	P	C	O	T	O	O	R	O
C	M	B	F	E	F	G	I	B	B	O	N	S	N	L	T	Y	Q
A	J	A	O	R	S	D	K	T	D	I	R	P	Z	O	M	H	W
M	Q	P	R	R	I	T	B	D	T	K	Q	C	S	S	B	X	F
E	F	L	P	G	N	C	E	T	E	A	P	A	V	U	F	O	N
R	M	S	M	V	W	E	A	R	M	N	I	A	D	M	P	J	S
O	V	T	O	L	R	B	O	S	N	R	B	S	S	A	N	V	J
O	I	N	U	I	K	W	U	A	E	F	O	I	I	T	E	I	S
N	U	L	N	R	A	K	Q	G	C	T	A	A	A	R	A	C	S
Q	Q	O	T	B	F	F	I	G	O	N	Q	D	M	A	S	C	C
Q	B	W	A	S	G	N	W	G	O	W	K	B	A	S	T	M	M
F	W	L	I	B	X	P	N	W	V	R	P	M	N	V	E	V	U
O	K	A	N	D	H	O	L	R	U	N	I	V	G	R	R	H	I
O	Q	N	C	O	C	J	U	O	Q	I	F	L	D	Q	N	Z	I
X	B	D	O	Q	X	N	Y	U	T	T	M	W	L	Q	K	U	S
M	C	U	O	R	A	N	G	U	T	A	N	S	Z	A	Q	D	Q

AFRICA
BONOBOS
CAMEROON
CONGO
GIBBONS
INDONESIA
MOUNTAIN
ORANGUTANS
ASIA
BORNEO
CHIMPANZEE
EASTERN
GORILLA
LOWLAND
NIGERIA
SIAMANG
SUMATRA
WESTERN

Word Search #53

A Lesser Ape Gathering

A	D	L	P	M	U	E	L	L	E	R	S	P	O	L	N	D	E
D	B	E	C	J	U	K	B	N	R	G	H	C	O	Z	R	R	O
K	I	V	H	C	B	V	Z	M	N	E	U	A	K	L	O	S	S
F	S	I	L	V	E	R	Y	A	H	V	D	O	P	H	I	Q	K
I	P	N	A	C	Z	C	M	B	I	V	L	V	H	P	W	Y	D
B	V	X	W	X	H	A	W	P	G	D	Z	I	P	K	O	E	I
S	G	S	Q	I	I	P	T	Y	R	I	J	T	F	N	K	L	M
I	W	C	Q	S	D	O	U	K	X	Y	B	Q	Q	E	K	L	X
C	S	H	A	I	N	A	N	Y	R	D	S	B	E	Z	K	O	O
C	A	B	B	O	T	T	S	E	E	U	T	H	O	C	M	W	Z
P	W	H	P	Y	V	A	K	T	C	X	C	F	O	N	Y	C	K
I	D	U	F	G	A	L	S	S	T	E	A	L	R	Z	S	H	L
L	N	G	T	E	A	E	A	L	T	B	O	D	Z	J	T	E	I
E	J	G	S	W	R	M	K	I	D	O	E	R	J	T	I	E	H
A	V	R	Y	C	O	Z	H	K	H	B	A	G	J	Z	S	K	C
T	L	K	Q	N	A	W	X	E	D	L	V	N	W	V	P	E	W
E	S	C	H	Y	L	O	B	A	T	E	S	L	R	W	P	D	S
D	S	Y	M	P	H	A	L	A	N	G	U	S	G	Z	C	M	D

ABBOTTS
CRESTED
HAINAN
HYLOBATES
LAR
NOMASCUS
SIAMANG
SKYWALKER
CAO-VIT
GIBBONS
HOOLOCK
KLOSS
MUELLERS
PILEATED
SILVERY
SYMPHALANGUS
WHITE-CHEEKED
YELLOW-CHEEKED

Word Search #54

Gibbon Homelands

L	R	N	W	Q	T	D	F	H	K	R	O	A	W	Z	V	X	B
K	B	T	D	W	H	B	R	I	P	R	E	M	U	T	L	Q	O
X	O	X	Z	Q	D	R	A	A	N	S	W	P	M	U	B	C	R
Y	R	F	U	N	F	U	S	N	I	D	U	V	D	M	Z	B	K
A	N	E	K	E	F	F	K	A	G	N	O	M	M	S	I	R	Y
E	E	S	I	C	A	V	N	D	M	L	F	N	A	N	O	B	R
D	O	X	L	C	H	I	N	A	B	T	A	O	E	T	X	K	O
V	T	M	O	L	M	Q	R	F	V	H	V	D	R	S	R	T	T
X	T	A	N	E	S	Y	I	U	X	A	V	B	E	E	I	A	I
O	N	L	M	Y	A	N	M	A	R	I	N	U	U	S	S	A	H
Q	J	A	Z	K	D	B	V	M	A	L	J	D	I	O	H	T	T
N	D	Y	Y	N	W	A	S	I	X	A	S	D	L	V	Y	K	Q
G	B	S	X	D	J	J	D	C	B	N	E	U	Z	A	Z	A	X
G	X	I	O	T	P	N	S	J	U	D	K	R	S	F	O	X	Z
R	D	A	M	E	I	R	N	A	G	K	N	V	V	Q	E	S	N
X	A	J	Q	E	J	L	C	V	S	L	K	X	I	C	N	P	F
X	J	O	A	X	W	N	F	Q	T	I	W	A	E	Q	H	D	S
L	G	C	A	M	B	O	D	I	A	V	A	Q	C	X	N	V	V

ASIA
BORNEO
CHINA
INDONESIA
LAOS
MYANMAR
SUMATRA
BANGLADESH
CAMBODIA
INDIA
JAVA
MALAYSIA
RAINFOREST
THAILAND

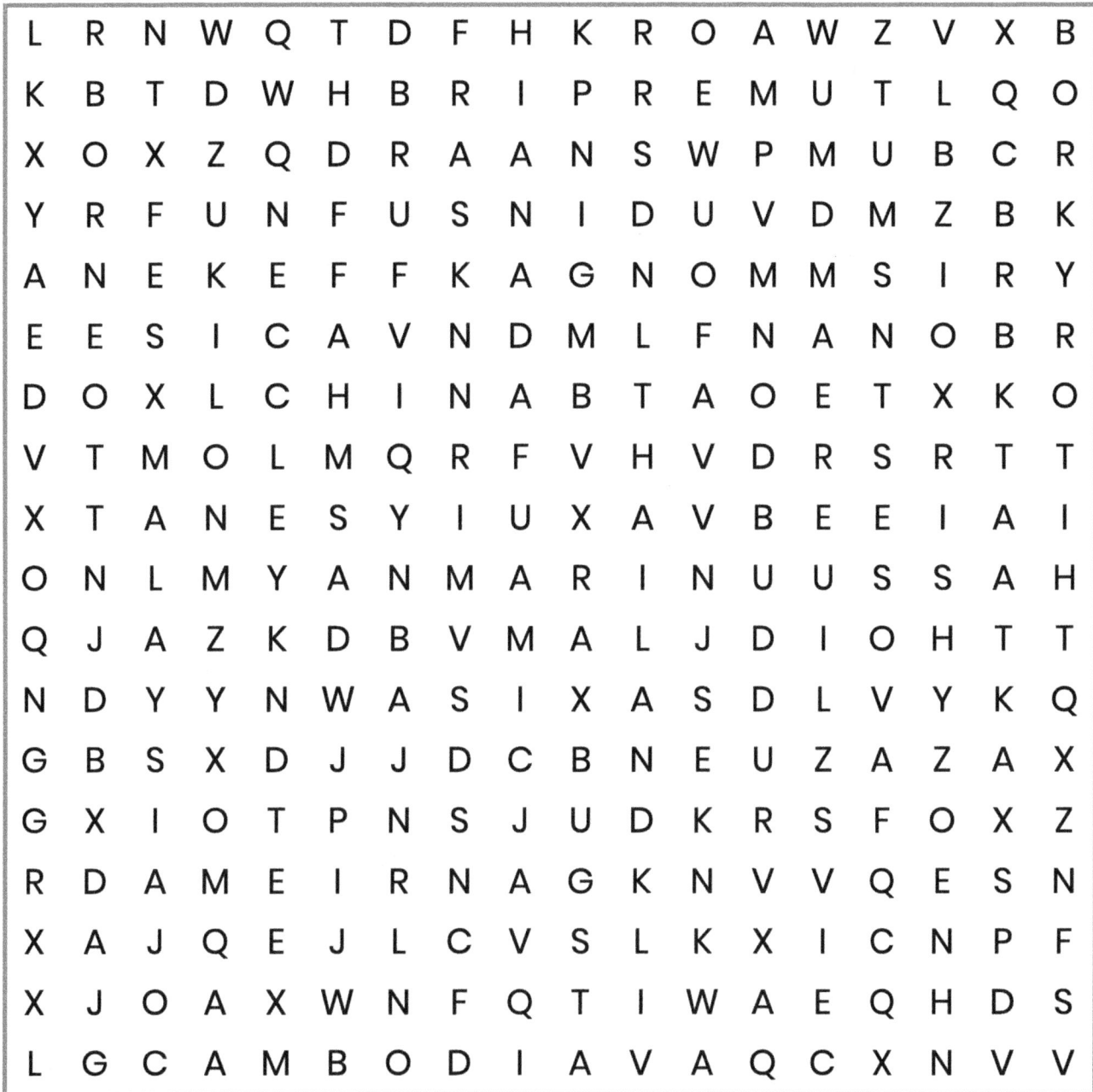

Word Search #55

Lesser Ape Life

X	J	I	X	P	G	C	V	B	J	D	P	M	X	H	S	B	Q
H	E	R	B	I	V	O	R	E	S	Z	T	A	A	N	T	T	Y
Y	Y	M	E	X	E	P	M	S	H	J	Z	Y	O	U	W	Y	X
R	O	S	W	A	H	Y	O	W	V	B	I	B	Z	B	G	S	R
R	F	R	W	R	T	P	N	I	Y	A	B	W	L	Q	S	T	B
V	O	P	A	I	R	B	O	N	D	I	O	J	P	E	D	O	A
O	R	T	I	M	K	T	G	G	G	B	X	U	L	Q	O	X	C
C	E	E	B	C	B	D	A	E	Z	K	A	L	F	S	R	D	R
A	L	R	I	S	I	P	M	R	C	K	I	L	E	Y	V	X	O
L	I	R	P	I	P	D	Y	S	F	A	O	P	A	X	N	B	B
I	M	I	E	J	E	U	B	A	T	H	Y	Q	R	N	A	V	A
Z	B	T	D	F	D	E	I	M	Y	T	C	E	O	R	C	P	T
A	S	O	A	Q	A	T	N	F	O	J	M	M	E	R	N	E	I
T	L	R	L	K	L	S	G	Y	Z	D	O	N	G	O	I	A	C
I	C	I	I	F	W	R	R	L	K	C	E	I	W	W	M	A	P
O	Z	A	S	V	B	A	D	Y	E	G	B	O	V	S	N	E	U
N	Q	L	M	I	K	J	E	B	B	R	O	M	E	C	G	K	B
Q	K	R	N	B	R	A	C	H	I	A	T	I	O	N	P	A	T

ACROBATIC
BIPEDAL
BRACHIATION
FORELIMBS
GIBBONS
KARYOTYPES
PAIR-BOND
TAILLESS
BALANCE
BIPEDALISM
DUETS
GENERA
HERBIVORES
MONOGAMY
SWINGERS
TERRITORIAL
VOCALIZATION

Word Search #56

Those Singing Siamangs

B	A	R	B	O	R	E	A	L	J	I	X	E	F	K	Y	X	F
S	Q	E	S	B	H	S	I	V	N	N	T	S	D	F	X	V	J
W	E	L	L	R	E	T	H	R	O	A	T	S	A	C	C	F	U
M	O	W	B	G	B	L	H	A	L	Z	W	Y	U	V	T	L	A
D	L	S	X	M	O	R	L	F	G	R	E	N	Y	O	E	Y	F
I	J	L	O	N	F	L	N	I	D	G	D	A	E	N	N	U	Z
S	B	B	I	B	Z	I	Z	G	E	J	Y	U	I	G	D	R	P
P	Z	Q	I	Z	L	W	M	R	W	S	R	T	N	I	E	C	L
E	S	L	K	T	S	A	E	G	N	M	U	I	S	W	C	L	B
R	L	P	Q	O	I	G	C	D	N	O	R	R	O	T	B	I	J
S	A	Y	P	E	R	N	J	K	R	P	P	L	V	X	M	N	M
E	P	I	P	A	N	E	G	E	S	O	S	Y	G	U	R	G	O
R	P	S	L	E	H	U	B	F	H	O	J	L	J	L	H	I	Y
S	I	P	T	J	U	Z	F	T	K	V	R	X	S	M	W	N	H
E	N	X	N	U	W	O	I	S	N	U	D	P	N	L	G	G	W
E	G	O	P	P	O	S	A	B	L	E	T	O	E	D	S	C	A
A	W	L	V	B	K	Y	J	E	W	X	D	A	S	W	E	I	I
A	S	P	W	H	V	O	C	A	L	I	Z	A	T	I	O	N	S

ARBOREAL
BITING
CLINGING
INFLATE
OFFSPRING
ROUTINE
SLAPPING
THROAT SAC

BELLIES
BLACK
DISPERSERS
LARGER
OPPOSABLE-TOE
SHAGGY
SLOWER
VOCALIZATIONS

Word Search #57

Return of the Cao-vit

M	V	G	E	G	P	X	G	P	Q	N	B	T	K	W	F	T	S
R	B	U	B	V	A	W	F	D	T	R	E	E	T	O	P	S	M
Z	N	I	L	R	I	Q	N	S	Q	A	K	S	X	D	F	T	B
Z	E	U	A	R	P	E	S	V	D	E	K	U	M	A	C	E	P
F	C	R	C	E	A	Q	T	P	L	L	O	B	X	N	A	C	S
M	G	E	K	S	L	K	J	N	V	N	N	V	I	I	I	T	Y
C	B	D	C	E	M	C	P	T	A	W	M	T	S	T	S	N	U
F	U	I	R	A	F	Q	I	M	A	M	X	A	A	I	R	C	Q
C	F	S	E	R	V	Z	X	D	E	E	T	M	T	E	D	Q	J
R	F	C	S	C	E	A	B	Q	S	S	S	N	T	X	O	F	M
I	E	O	T	H	I	U	X	E	A	I	E	S	E	O	W	G	G
D	R	V	E	E	P	N	T	E	R	I	A	H	M	F	B	Q	C
K	Z	E	D	R	Y	A	H	A	C	E	N	J	Y	X	C	L	A
G	O	R	T	S	B	T	H	S	D	P	P	T	Q	L	J	T	L
E	N	E	R	O	U	C	S	P	Z	Y	J	J	K	B	S	O	L
A	E	D	L	O	W	M	D	C	H	I	N	A	X	A	H	V	S
J	S	Y	S	C	A	B	A	L	A	N	C	E	F	O	Q	G	T
C	H	I	L	Z	K	N	C	Y	X	Q	C	A	N	O	P	Y	Y

BALANCE
BUFFER-ZONES
CANOPY
CHINA
EASTERN
FAST
REDISCOVERED
SCIENTISTS
BLACK-CRESTED
CALL
CHARISMATIC
DAWN
EXTINCT
HYLOBATES
RESEARCHERS
SOUTHEAST ASIA
TREETOPS
VIETNAM

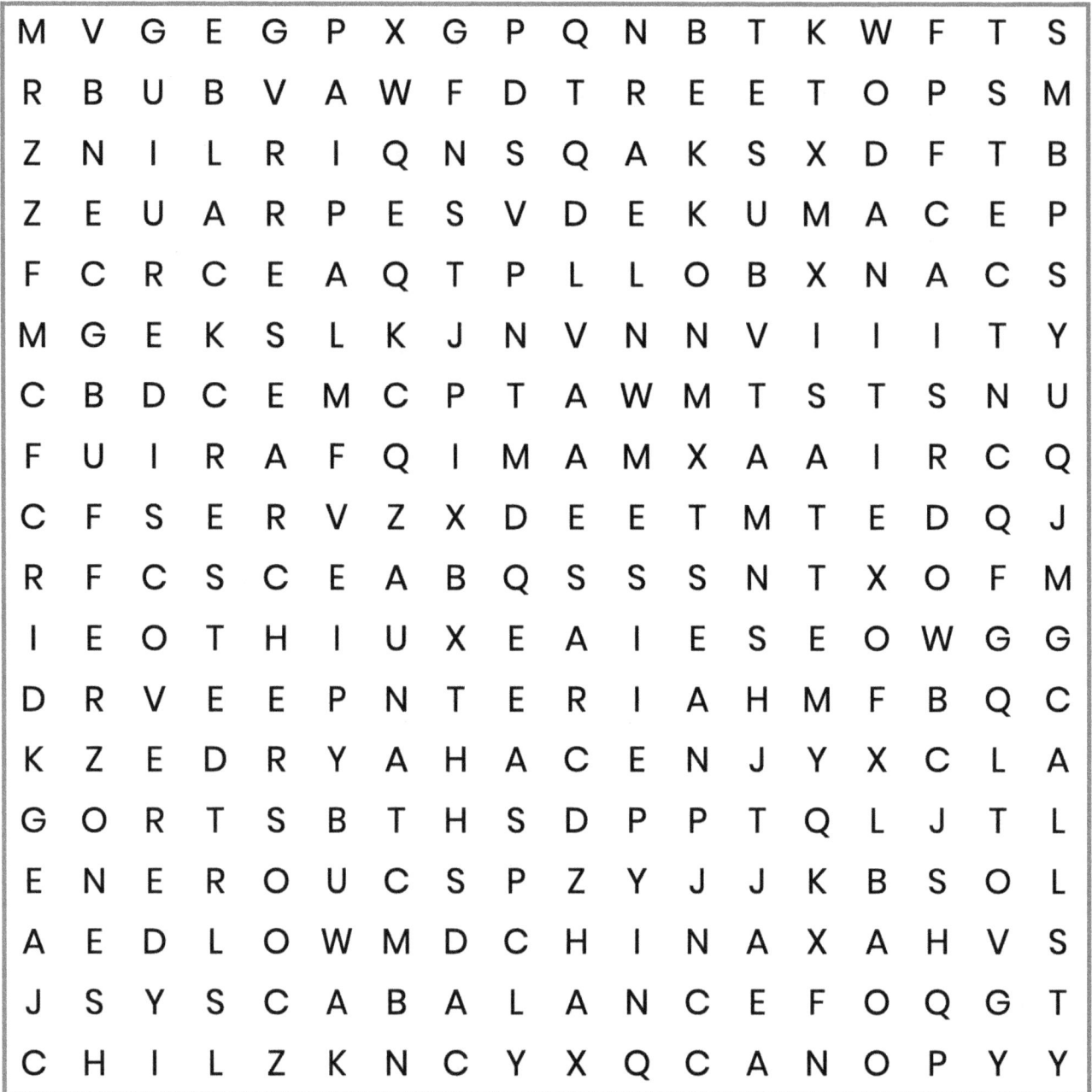

Word Search #58

Great Apes Close Up

F	P	P	T	Z	Y	T	P	C	G	C	X	Y	P	F	Q	X	P
K	A	F	H	P	C	B	M	R	H	J	N	X	H	O	J	G	L
E	N	O	O	I	Y	F	F	L	I	O	M	F	R	R	N	H	H
V	A	G	M	M	F	Y	R	B	E	M	R	D	O	P	N	G	G
O	P	T	O	O	Y	C	D	P	N	I	A	D	I	C	Y	E	O
L	N	F	T	T	A	I	L	L	E	S	S	T	A	U	R	R	H
U	A	O	M	N	I	V	O	R	O	U	S	W	E	T	P	L	P
T	N	M	E	S	V	G	O	R	I	L	L	A	E	S	A	F	W
I	T	Y	I	X	E	D	C	Y	V	K	T	S	G	C	D	T	O
O	H	Y	J	J	C	X	I	B	G	P	X	G	I	T	V	N	V
N	R	M	O	R	G	J	U	M	B	Q	O	T	C	M	P	N	T
A	O	B	W	J	L	H	N	A	O	O	I	N	J	C	X	Z	S
R	P	Q	C	S	Q	C	T	V	L	R	K	X	G	M	E	V	U
Y	O	K	M	D	N	K	T	Y	C	J	P	S	B	I	C	D	M
X	I	L	B	U	R	E	D	L	I	S	T	H	F	P	D	V	H
B	D	J	I	N	S	K	F	V	V	A	I	O	I	D	D	A	R
F	V	K	S	E	N	D	A	N	G	E	R	E	D	S	G	Q	E
N	K	L	H	O	M	I	N	I	D	A	E	R	T	Z	M	W	G

ANTHROPOID
CRITICAL
ENDANGERED
GORILLA
HOMO
OMNIVOROUS
PONGIDAE
PRIMATES
CHORDATA
DIMORPHISM
EVOLUTIONARY
HOMINIDAE
IUNC
PAN
PONGO
REDLIST
SEXUAL
TAILLESS

Word Search #59

Discovering Orangutans

V	K	X	J	D	U	N	F	L	A	N	G	E	D	Y	I	X	M
V	H	P	S	G	Y	P	D	H	Z	P	K	P	E	I	Y	M	T
T	H	Y	H	G	H	O	G	O	V	K	S	A	I	V	R	T	I
F	Q	H	G	Z	D	N	Q	L	C	D	R	L	L	O	O	D	G
O	O	A	X	F	R	G	K	L	A	N	U	M	B	G	W	N	T
M	H	P	W	N	M	O	U	P	A	N	S	O	S	P	I	O	D
S	B	V	Z	I	X	F	K	R	A	D	L	I	M	H	H	E	F
E	U	S	H	U	R	E	T	P	B	F	D	L	C	S	G	R	N
E	R	J	M	E	E	A	A	S	Z	F	G	A	I	N	E	O	X
K	R	E	W	H	M	T	B	O	A	S	O	D	A	T	I	H	I
H	Q	O	C	U	S	K	J	L	T	P	D	L	H	T	K	T	N
O	P	C	S	U	P	E	N	I	D	E	F	W	A	S	T	O	N
G	E	Q	B	C	G	A	W	T	R	E	D	L	E	M	L	E	H
R	Y	L	A	N	E	Y	E	A	C	X	U	R	C	O	C	V	C
Z	X	C	A	N	X	M	D	R	W	P	I	D	M	F	K	D	H
D	G	R	R	I	S	U	D	Y	O	F	M	P	N	L	U	F	A
F	O	O	J	M	W	S	I	P	I	V	G	Q	U	P	X	O	U
X	B	E	E	N	D	A	N	G	E	R	E	D	A	L	Q	G	Q

BORNEAN
ENDANGERED
FLANGED
PALM OIL
PONGO
POWERFUL
SHAGGY
SUMATRAN
CHEEK-PADS
FIRES
ORANGE
POACHING
POPULATION
REDDISH
SOLITARY
TAPANULI
UNFLANGED

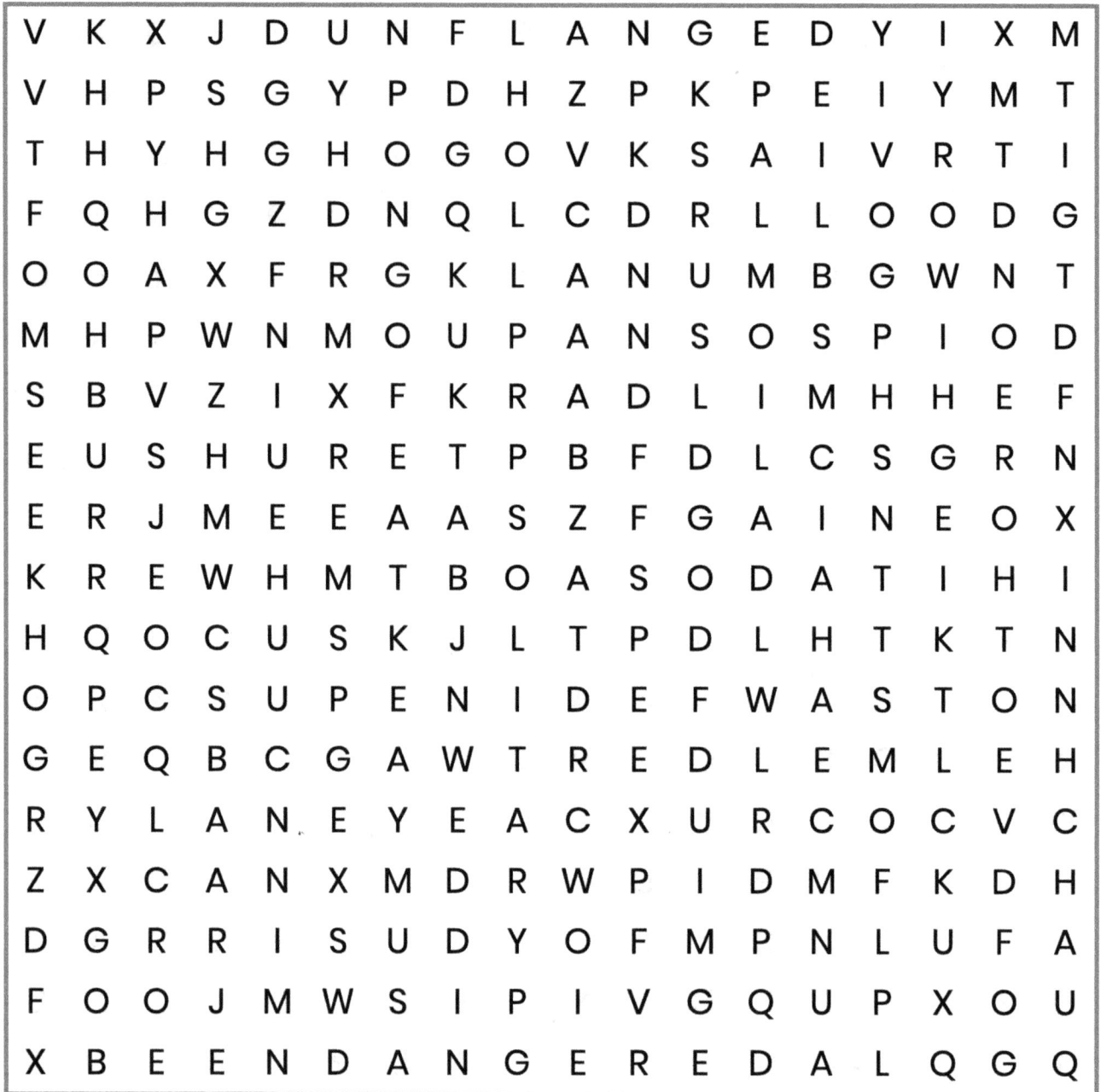

Word Search #60

A Word About Chimpanzees

T	S	O	V	E	R	P	O	P	U	L	A	T	I	O	N	R	S
U	G	O	J	W	B	O	A	B	H	H	R	L	Y	W	A	E	O
J	M	O	N	T	A	X	C	T	B	M	L	K	T	D	J	L	F
S	O	D	O	J	K	I	H	S	O	M	P	O	J	Z	T	A	D
L	U	F	B	D	T	J	D	R	O	J	L	W	P	G	O	T	O
C	H	D	U	E	A	N	T	O	H	A	L	P	H	A	O	I	M
S	U	G	N	O	U	L	M	L	X	C	I	X	J	K	L	V	H
U	E	E	U	I	Y	O	L	B	H	B	V	Q	S	H	S	E	U
Q	G	W	E	A	N	I	N	G	K	E	B	O	L	A	E	S	R
X	C	O	M	M	U	N	I	T	Y	F	I	Y	Q	B	Q	P	B
J	U	T	D	Y	L	M	G	A	O	M	N	I	V	O	R	E	U
Z	I	R	M	R	T	T	A	Y	W	I	T	E	A	Y	V	V	S
U	B	Z	D	E	F	O	R	E	S	T	A	T	I	O	N	S	H
E	O	K	J	U	V	G	V	Q	N	H	Q	O	Y	E	G	Y	M
O	T	X	R	A	C	O	N	F	L	I	C	T	H	A	A	R	E
W	I	R	O	N	W	O	O	D	L	J	L	A	D	B	O	M	A
H	S	Z	M	Q	Z	L	W	D	A	F	M	R	I	P	A	N	T
S	E	T	R	O	G	L	O	D	Y	T	E	S	M	S	Q	E	V

ALPHA
COMMUNITY
DEFORESTATION
GENETIC
IRONWOOD
OVERPOPULATION
RELATIVES
TROGLODYTES
BUSHMEAT
CONFLICT
EBOLA
GOODALL
OMNIVORE
PAN
TOOLS
WEANING

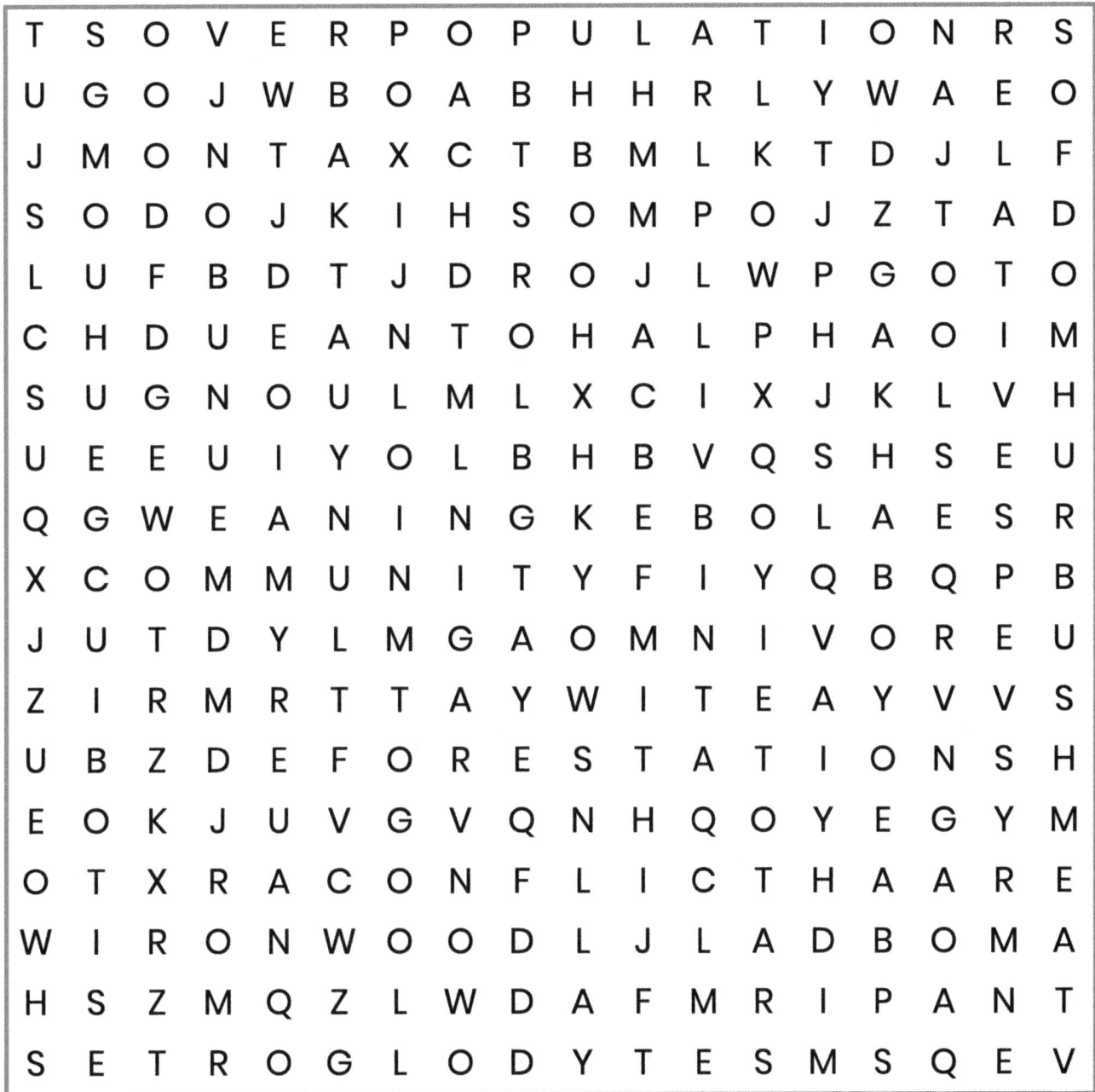

Word Search #61

Chimps Here and There

R	K	F	S	Z	E	B	K	A	H	N	C	D	N	Q	J	V	Y
Q	B	W	Y	I	I	N	T	E	R	B	R	E	E	D	Q	Q	G
N	B	E	H	N	P	L	A	N	G	U	A	G	E	K	E	R	T
I	K	S	L	H	H	T	A	N	G	A	N	Y	I	K	A	G	A
G	U	T	R	A	D	A	P	T	A	T	I	O	N	S	R	Q	Y
E	N	E	J	R	E	U	U	K	S	R	A	A	O	L	R	Y	T
R	I	R	Z	T	G	O	M	B	E	S	T	R	E	A	M	K	O
I	Q	N	E	Q	U	A	T	O	R	I	A	L	I	V	V	B	Y
A	U	A	C	J	S	V	Y	H	T	A	N	Z	A	N	I	A	S
C	E	Z	K	O	J	Q	C	F	Y	G	A	B	O	N	Q	O	B
A	N	B	R	R	N	R	Q	H	I	S	O	L	A	T	I	O	N
M	E	T	O	M	V	G	S	U	B	S	P	E	C	I	E	S	J
E	S	W	G	N	W	C	O	A	V	A	S	B	X	A	T	B	S
R	S	C	B	V	N	Y	D	C	E	N	T	R	A	L	U	M	U
O	I	V	O	R	Y	C	O	A	S	T	A	G	L	P	X	N	L
O	V	K	J	E	F	C	H	I	M	F	U	N	S	H	I	O	X
N	U	O	A	S	R	Z	F	I	N	E	A	S	T	E	R	N	D
H	W	X	B	N	T	D	S	P	X	Y	F	S	P	R	V	E	F

ADAPTATIONS
CHIMFUNSHI
EASTERN
GABON
INTERBREED
IVORY COAST
NIGERIA-CAMEROON
TANGANYIKA
CENTRAL
CONGO
EQUATORIAL
GOMBE STREAM
ISOLATION
LANGUAGE
SUBSPECIES
TANZANIA
UNIQUENESS
WESTERN

Word Search #62

Hello Bonobo

G	W	P	E	F	P	A	T	A	D	Y	M	O	P	F	T	B	Y
Q	O	D	J	C	T	S	A	G	Q	C	K	F	B	N	K	K	I
G	Y	E	P	L	X	P	Y	G	M	Y	T	B	G	V	R	E	B
R	X	F	N	A	R	B	O	N	O	B	O	S	B	V	E	Z	X
A	T	O	Q	X	G	Z	P	G	U	U	F	Z	U	H	M	A	G
C	R	R	H	F	O	C	E	R	Q	V	C	B	Z	T	O	Z	Z
I	E	E	H	E	F	I	A	E	V	M	Z	Y	A	E	T	Q	X
L	L	S	E	M	B	V	C	A	Q	X	F	A	I	Q	E	Y	G
E	A	T	C	A	F	I	E	T	C	P	H	K	F	B	H	L	Z
M	T	A	O	L	O	L	F	A	K	C	Y	I	M	K	A	H	L
W	I	T	N	E	U	U	U	P	V	O	D	W	A	R	F	F	G
Q	V	I	O	S	D	N	L	E	N	A	I	M	L	P	K	F	K
G	E	O	M	J	U	R	V	J	U	N	K	N	O	W	N	U	S
O	S	N	I	G	P	E	S	E	X	I	C	H	Q	E	N	O	B
P	L	K	C	A	M	S	D	O	Z	R	X	N	W	M	V	O	J
C	Y	L	S	S	R	T	P	S	D	R	W	R	Y	J	E	T	A
B	O	C	O	N	G	O	B	A	S	I	N	E	O	S	L	Q	L
R	N	R	V	B	E	C	S	M	A	L	L	E	R	R	P	O	V

BONOBOS
CONGO BASIN
DRC
ECONOMICS
GRACILE
PEACEFUL
RELATIVES
SEX
CIVIL UNREST
DEFORESTATION
DWARF
FEMALES
GREAT APE
PYGMY
REMOTE
SMALLER
UNKNOWN

Word Search #63

Glorious Gorillas!

C	Z	Y	J	G	N	P	E	M	O	T	I	O	N	S	M	O	D
X	I	L	S	P	M	G	S	B	E	D	S	T	H	U	O	F	U
O	N	M	T	O	X	K	I	E	Y	Z	O	O	N	M	U	Q	C
S	T	G	R	L	Y	O	F	A	L	J	B	P	C	Y	N	G	O
I	E	F	U	Y	T	G	H	S	X	P	Q	K	K	I	T	K	Z
L	L	B	C	G	L	R	U	T	O	N	F	S	S	S	A	P	P
V	L	O	T	A	O	I	I	E	P	H	P	L	E	V	I	L	C
E	I	N	U	M	W	E	K	R	S	O	Z	I	A	U	N	N	R
R	G	H	R	O	L	V	B	N	O	W	L	P	K	U	R	V	O
B	E	E	E	U	A	E	J	R	R	I	P	U	O	E	G	Y	S
A	N	F	N	S	N	W	T	D	M	G	K	A	T	C	P	H	S
C	T	W	O	T	D	G	K	A	P	J	C	S	C	T	J	Q	R
K	X	S	V	R	L	X	F	H	A	R	E	F	S	Z	X	K	I
S	D	X	W	H	A	E	H	O	F	W	B	E	Y	I	Y	F	V
X	N	L	P	I	D	G	P	D	L	H	G	L	I	P	J	H	E
I	E	T	A	H	A	A	I	A	I	G	C	M	L	G	V	I	R
I	H	D	T	H	H	C	J	N	I	V	I	J	P	M	P	T	V
Y	A	U	W	B	A	E	P	B	G	K	V	H	D	S	G	U	O

BIGGEST
EASTERN
FAMILIES
GENTLE
INTELLIGENT
LOWLAND
POLYGAMOUS
SOCIAL
CROSS RIVER
EMOTIONS
FORAGING
GRIEVE
LAUGH
MOUNTAIN
SILVERBACKS
STRUCTURE
TROOPS
WESTERN

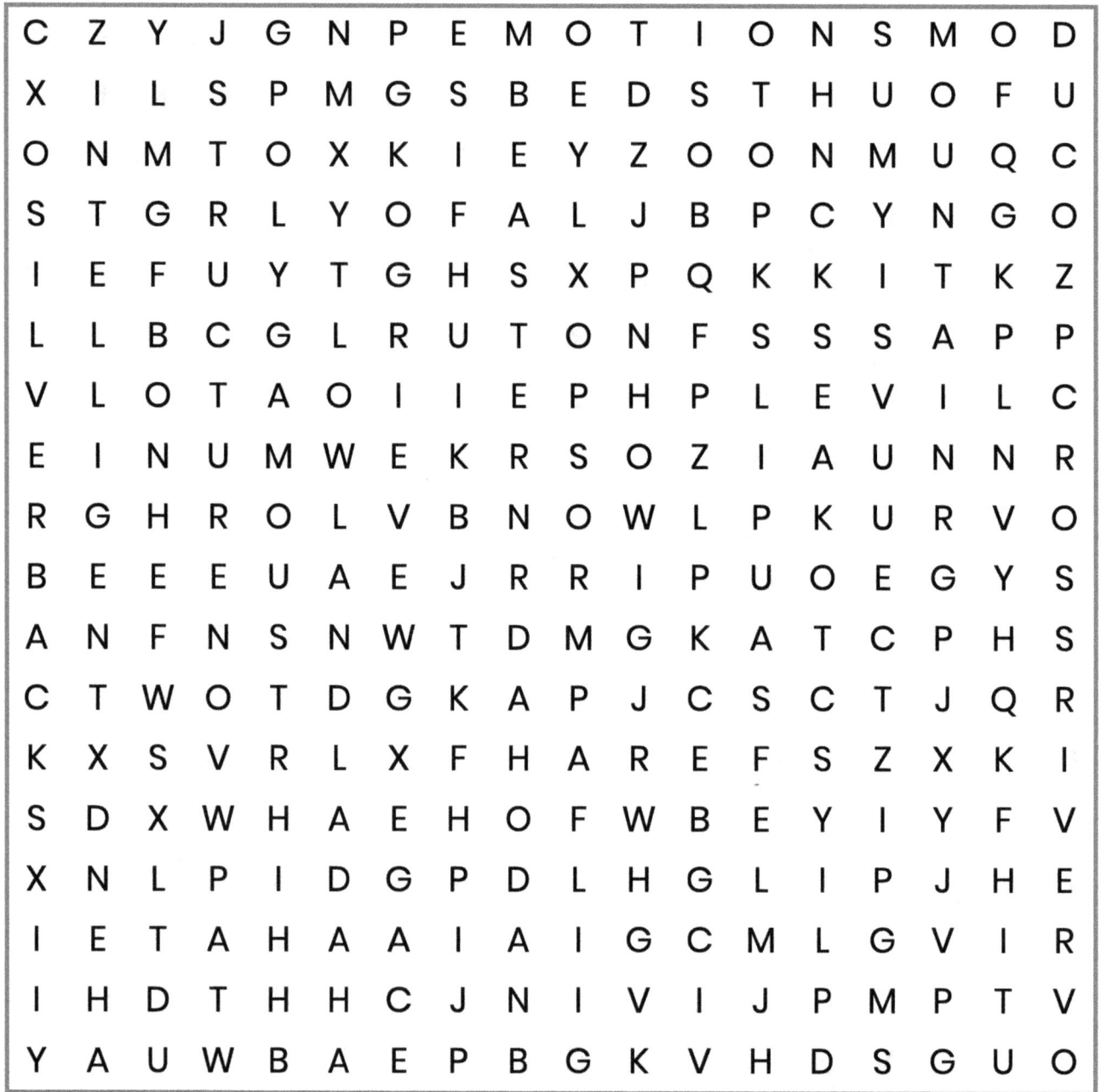

Word Search #64

Mountain Gorilla Highlights

L	T	W	I	X	Y	I	Y	I	H	X	R	K	I	I	J	Q	U
L	M	F	F	D	Y	T	E	W	V	O	L	C	A	N	O	E	S
Q	D	V	P	N	J	G	A	F	O	L	D	H	N	B	P	U	T
D	D	O	V	Z	N	J	S	N	E	I	C	F	O	E	X	P	M
P	X	A	U	I	R	E	S	O	U	R	C	E	S	M	B	D	K
C	H	Z	R	B	R	V	F	L	F	O	S	S	E	Y	D	R	N
G	R	E	O	Z	I	U	E	T	P	K	T	P	N	Y	W	N	A
R	B	H	M	C	N	O	N	G	H	O	K	I	T	E	M	E	T
M	W	S	A	B	S	X	D	G	E	W	A	I	A	B	S	O	I
J	N	A	A	P	S	O	Y	I	A	T	L	C	W	E	E	K	O
J	T	W	N	C	F	R	C	Z	V	I	A	P	H	G	F	J	N
E	Z	O	M	D	E	D	I	I	B	E	U	T	T	E	S	D	A
P	V	P	U	L	A	R	D	A	E	T	R	A	I	T	R	E	L
H	T	R	E	R	L	Q	T	O	Z	T	N	S	S	O	K	S	P
L	O	C	T	H	I	S	T	L	E	S	I	R	I	S	N	T	A
T	I	Z	C	V	N	S	C	A	I	P	J	E	D	T	A	P	R
Z	O	T	Q	I	G	Q	M	Q	M	L	F	L	S	R	Y	J	K
R	Z	Q	C	O	N	S	E	R	V	A	T	I	O	N	U	N	H

BERINGEI
CELERY
FOSSEY
NATGEO
POACHERS
RWANDA
THISTLES
VEGETATION
BIODIVERSITY
CONSERVATION
INSTABILITY
NATIONAL PARK
RESOURCES
SOCIETIES
TOURISM
VIRUNGA
VOLCANOES

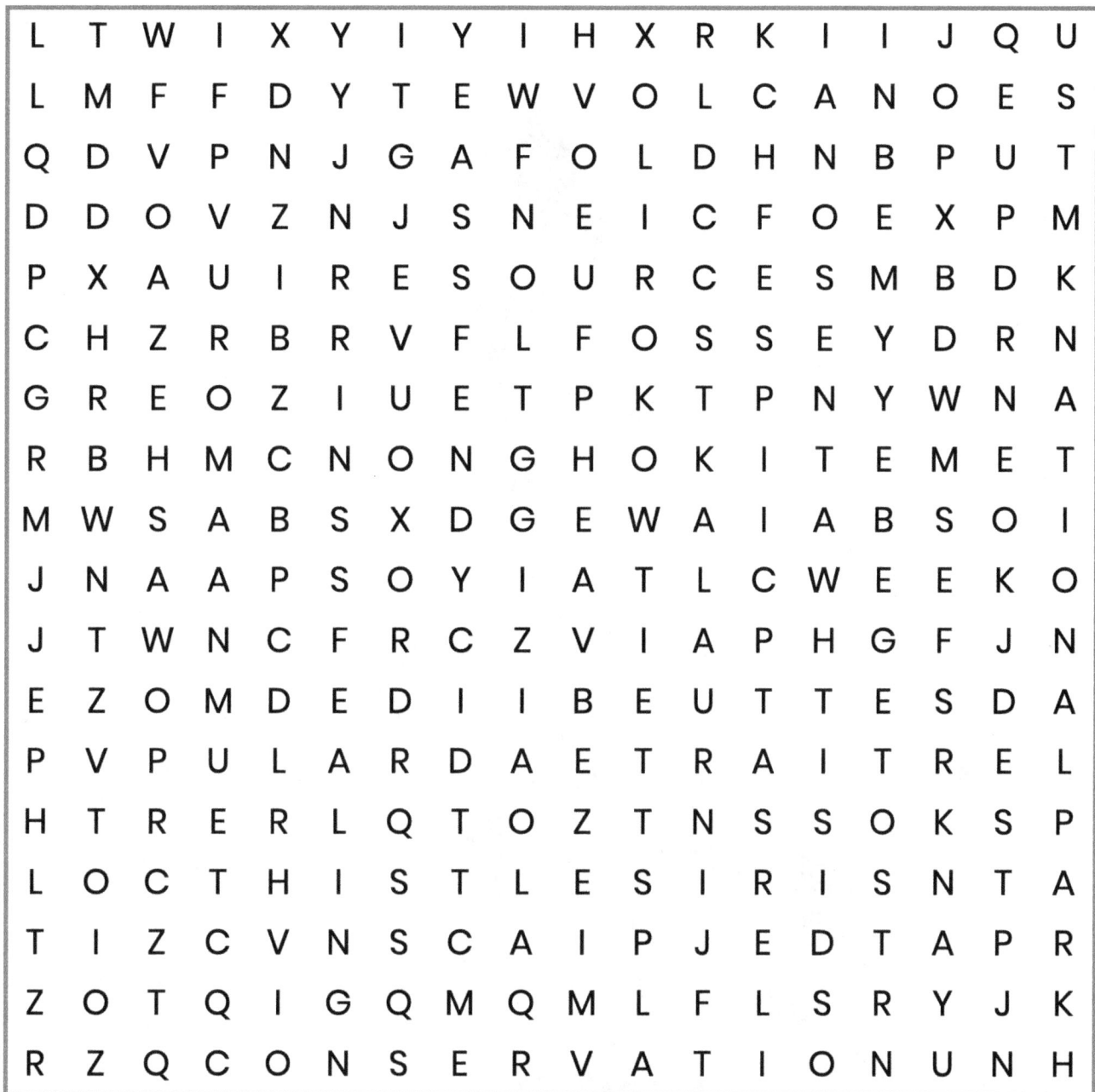

BONUS: SCRAMBLES

Word Scramble #1

Extremely Endangered Primates of Africa

P-TEIGIALD LGAUNR

DRONO RFDWA GGALAO

GELIBLNODEE-LD MEAAGNBY

WGTH-IHHTEEID COULOBS

SROEUHTN TPASA MKENOY

NAAT RRIVE DRE CUBOOLS

WREESTN CPZNEMHAIE

RLOAOWY MKENOY

IRNGE ETALD EDR CLUOOBS

NAIO-IREEAROCMGN HIMPC

KPUNJII

Word Scrambles #2

Extremely Endangered Primates of Madagascar

EAY EAY

MBAMNOO SOTVRPIE EULRM

JSAME' STIVRPOE RMLEU

BASAEMNY OSMEU MRUEL

KSYLI SFKIAA

MMADAE BH'ERTES SUEOM ERLMU

CLA ARTALOA BBAOMO MUERL

CLOE'UQERS SFKIAA

DIRNI

SHRAAAFY SOVIRPTE RULME

BYEELUE-D ACKBL EMRLU

Word Scrambles #3

Extremely Endangered Primates of Asia

GEDOLN LGAUNR

AYRG SNB-NSEOUD MEKONY

CO-VIAT GBOIBN

ANJVA LOWS OILSR

TAALUPNI OUNTAARGN

GADEEENLD-OHD LNGUAR

TNAALPUI ONRATGAUN

TKINON SSN-UEBOND MKENOY

SGINHAE TESARIR

HANAIN GOBIBN

PALGIETI-D LUANGR

REAFFSL' BEDAND LUANGR

PFULERCPEA-D LNGUAR

GOLIGANOG HOLCOOK

Word Scrambles #4

Extremely Endangered Primates of Central & South America

WONRB HWEOLR MEONKY

DPIE TRAAIMN

B-EUFAEHYFDD MMSRAEOT

MUURIQI

BNEO-ERAWHDD SDPEIR MNKEOY

KOPAA'R CHICPUAN

GYFOO'RFES SEPIDR MKENOY

OAL'ALLS ITIT

YTEWLIEAL-OLD WOLLOY MEKONY

B-FETYEFAUD-FUTR MSMAREOT

EOCRAAUDIN CCUAHIPN

GSERVO' ITIT MNEOKY

Old World Monkeys: Cercopithecids Sampler

SUMITAPTL MUAQACE

EOVLI BOABON

BTTIE MEKONY

SASLEUWI MAUCAQE

OWNS MKOENY

HYAAADMRS BBOOAN

AELN'LS MSWPA MKOENY

MSECTHUAD MKENOY

OCDU LGAUNR

PICROOBSS MKENOY

BABRRAY PEA

CIESNHE GDELON MNKEOY

LCBKA NDA TIWEH COBUOLS

TSYOO MEBNGAAY

CBITAA-NREG MAUQCAE

CBELEES KCLBA PEA

BNENOT MEKONY

Word Scrambles #6

Primates of Tanzania Roundup

YOLELW BOOBAN

NTEHRORN GTAREER GLGAAO

GEE-RYECHEKD MBAEGANY

SAEENGL BAUBSHBY

KPJIUNI

EEARTSN CMPINHEAZE

VVEERT MNKEOY

ATPSA MEONKY

OBWNR GEREATR GLGAAO

NRDOO BABUHBSY

PCRINE DFIOE'MFDS BSBAUBHY

IVEOL BOOBAN

UDNAAGN EDR CBULOOS

SKESY' MKOENY

CMOMON CZHINPEAME

EBLU MEONKY

RALIEEDT-D MEONKY

Primates of West Africa Part 1

WSRETEN DRE COBUOLS

COMOMN CNHAZEMIPE

REAEER-DD GNUOEN

TYOOS MGAEANBY

CAAALBR AANBTGWNIO

LSEESR STOEPOS-ND MKENOY

NADAI MNKEOY

CL'MALPBES NAOM MKENOY

MDAILRNL

VIELO BOOABN

ENERG MEONKY

IGKN CUOOLBS

TNTALUAS MEONKY

MLAINAND RILDL

WSTREEN LANOWLD GLIOLRA

SGAENEL BAHUBBSY

TSWE AAFRICN OTOPT

Primates of West Africa Part 2

NLWEALCDEE-ED BBHBASUY

AMONS HL'LIS MEAABGNY

VOEIL CBOULOS

WETERSN CEHIZPAMNE

MASCUHOETD GENOUN

ASFEL OTTPO

SSROC VREIR BABBUHSY

GEOLDN AWTINBNGAO

WTEERSN GILROLA

TSAAP MKENOY

PINCRE D'DEFIFOMS BBBUSHAY

GNEIUA BOAOBN

CERESTD AMON MEONKY

OCSRS VRIRE GILLROA

PSREU'SS MKOENY

METANLD GZRUEEA

Primates of Thailand Mixer

TRSEESNIAM LUUNTG

BDENAD LNGUAR

CE-ATBINRAG MAUQCAE

WIEHHEHGTTI-D SRILUI

YSDUK LNGUAR

RSUEHS MAUQCAE

BDENAD SLIURI

BGEANL WSLO RLSOI

GMENR'IAS LUANGR

IHENICDNSOE YGRA LGAUNR

W-EDHHINTEAD GOIBBN

SANAIMG

IEGAL GOBIBN

S-PLIEADEUTTMD MQAUCAE

NHROERTN PE-TALIGD MQAUCAE

UNDAS OSWL OSLRI

PEITLEAD GBOBIN

Word Scrambles #10

Primates of China Mixer

REUHSS MCUQAAE

IMRNDTTEEIAE LWSO LIEROSS

CPPEAD LUNTUG

IDESICNNOHE YAGR LNGUAR

TETBAIN MEQUAACS

WHTEKEEIEHC-D GBNBIOS

NTRREOHN PGLIETAI-D MUACAQE

OCA TVI CETESRD GBBONIS

ASMEASSE MQUCAEAS

LCBKA CSREETD GBNBIOS

YAUNNN SENNSO-UBD MKYENOS

HIAANN BSTRECLKA-ECD GOBIBN

SI-UTEMLATPD MCAUAQE

HYLMAAAIN YAGR LNGUAR

SYKELWAKR HOCOLOK GOIBBN

BGEANL LOWS ORISL

WEEA-TDEHIHD LUANGR

New World Monkey Genus Selection

HEOWLR MEKYNOS

SIDEPR MEONYKS

WLOOLY SIEPDR MEYNKOS

WLOOLY MYKEONS

GNHTI MNEYKOS

G'DEIOLS MNKEOY

MEARTOSMS

YGPYM MEOASMRT

ONIL TNAIMARS

TNIRMAAS

MESTAOMRS

RUOSBT CUAIHPCN MNKYOES

SIRUEQRL MNKEYOS

ITIT MKYNOES

URIKAAS

BEDERAD AKIS MYEOKNS

AISK MKOEYNS

Word Scrambles #12

Primates of Brazil Sampler

IYSON IGHTN MKOENY

PPPGO'IES WLOLOY MKENOY

WRHIWEET-HIEKSD SEPIDR

BAKAEECLD-HD UARKAI

CSTERED CCHPIAUN

GOAL OD BISTTAPA ITIT

DPIE BRFAECA-E TAAIMRN

TA-ASRLSEEED MOERMAST

ORI CRÍAA MRMOEAST

STOERHUN MUUQRII

S'XPIS SLB-ADEACDK TAARIMN

BIILAVON SERRIQUL MEONKY

WEES-NHIOTD BEDERAD AISK

DUOFBUTL TIIT

R-EEDDHNAD HNLOWIG MEKONY

K'APOAR CHICAPUN

MF-LCATETOE TRAAIMN

Word Scrambles #13

Primates of Central America

YATÁUCN LAKBC HLEWOR MNKEOY

CBIAOOMLN SDPEIR MKENOY

BCAIO IASNLD HWLEOR

GF'FYEROOS TMAIARN

MTALEND HELOWR MNKEOY

WAF-IETCEHD CUACHIPN

CRANTEL AIMACREN SERRUQIL

BE-ALACEKHDD SDPEIR MKENOY

PNAINMAAAN IHTGN MKOENY

GOOE'YFFRS SEDPIR MNEOKY

Word Search #14

Itty-Bitty Primates

CMOOMN MEARSMOT

SEQUIRRL MNEOKY

RENMLO'SAOS RDWFA MOARSEMT

GLELRAS TIAAMRN

CN-TOOOTTP TIRAAMN

SVRELIY MMESAROT

KYDUS TIIT

TOPIALAN MNEOKY

SRATPECL TEAIRSR

LOW MNEOKY

GPMYY MMOEARST

PPIHIPNLIE TRSIEAR

SVRELIY MRESAOMT

GLSAE'LRS TAAIMRN

LBOOH TRSIRAES

Word Scrambles #15

Eye-Opening Primatologists, Anthropologists & More

AEDM EJAN MRIROS GOLODAL

DTHROOY CENHEY

ASITUGN FETUENS

RARICHD WLEATR WAARHNGM

ANID FSEOSY

RSELUSL NALA MMEIEERTTIR

ASHRA BFEAFLR DYRH

SIRLEHY MSUTR

BRUTIE AYMR GLAIADKS

SANFR ED AWLA

AISOLN LJOYL

COLRUAS LNUAINES

RROBET MNEARS YKEERS

OILSU DAN AYMR LAEEKY

ANSWERS

Word Search - Solutions

Word Search #1 - Solution

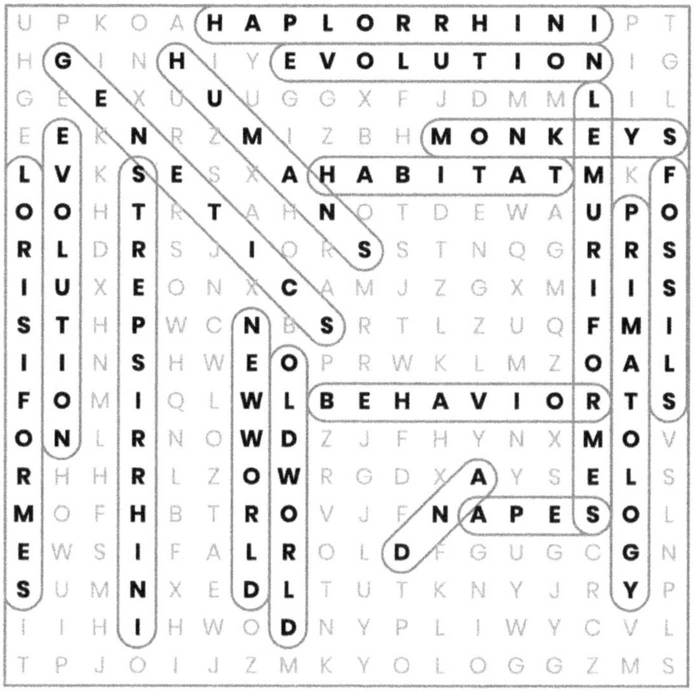

Word Search #2 - Solution

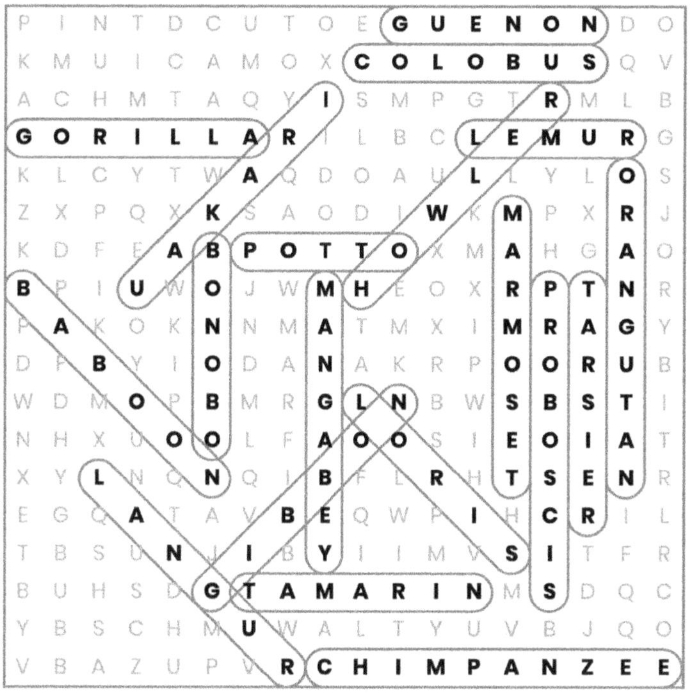

Word Search #3 - Solution

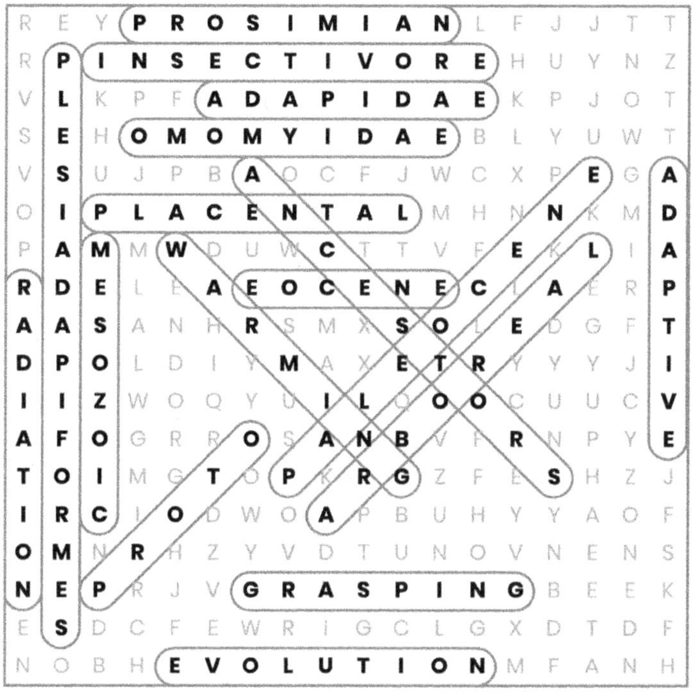

Word Search #4 - Solution

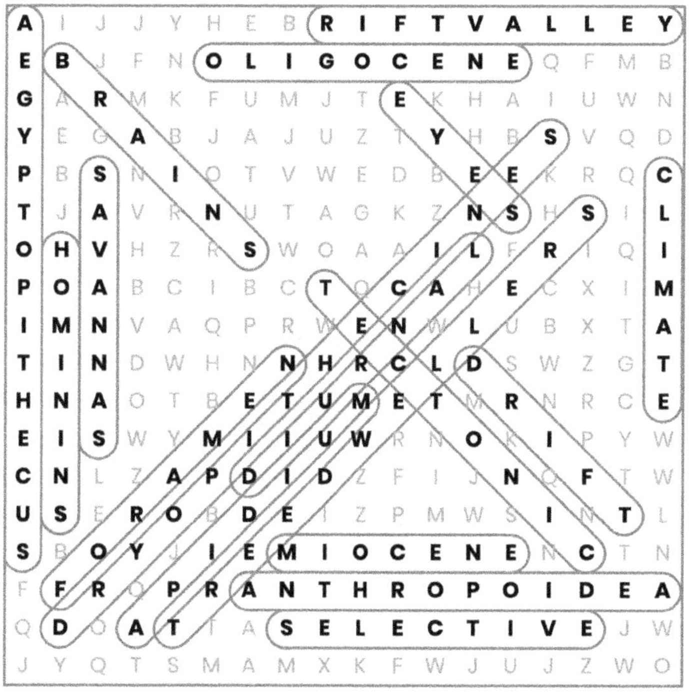

Word Search - Solutions

Word Search #5 - Solution

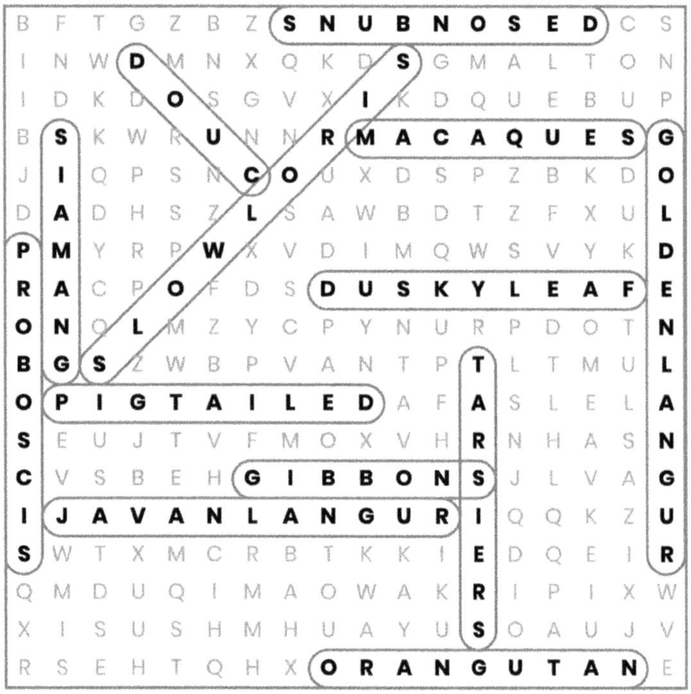

Word Search #6 - Solution

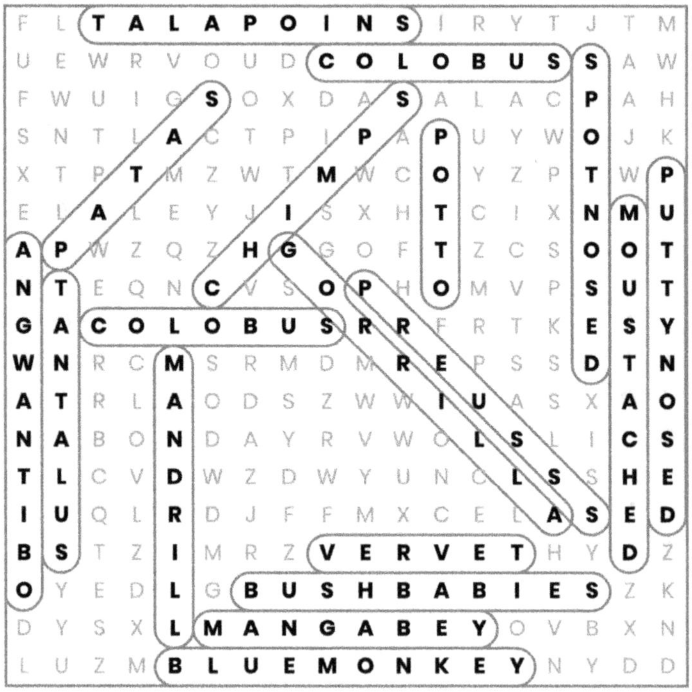

Word Search #7 - Solution

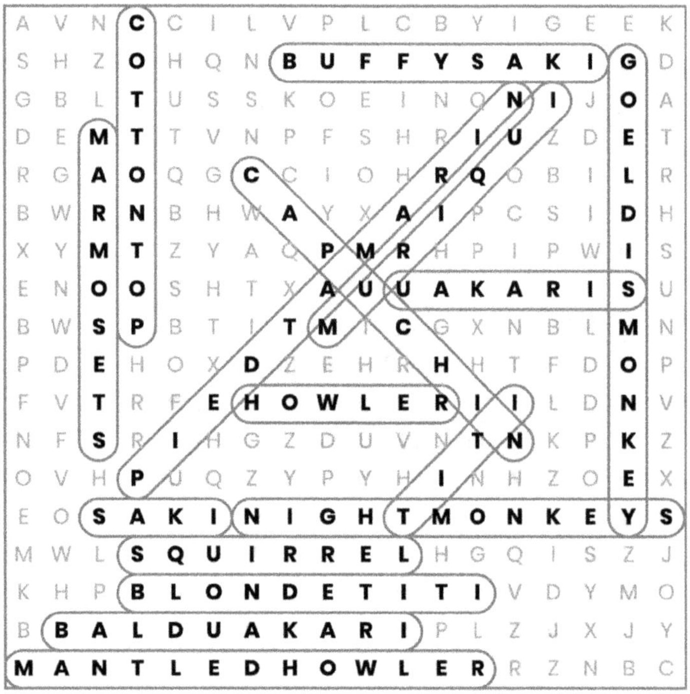

Word Search #8 - Solution

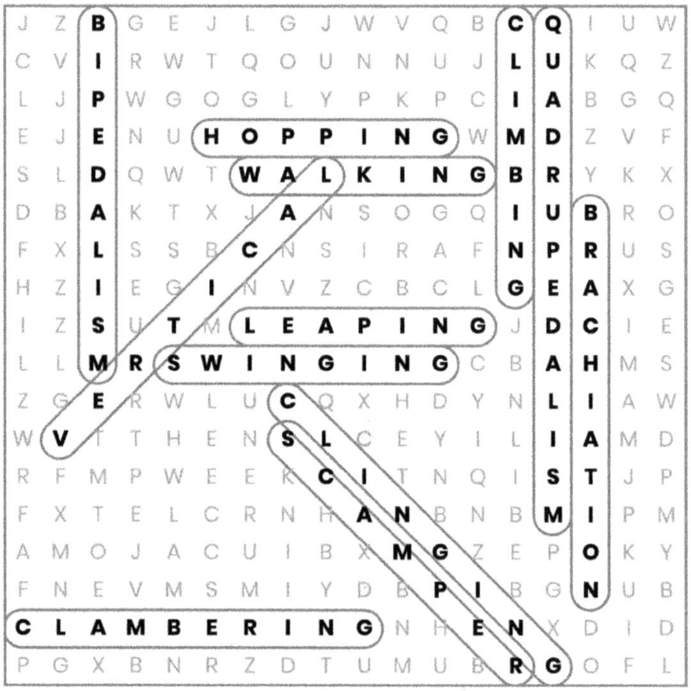

Word Search - Solutions

Word Search #9 - Solution

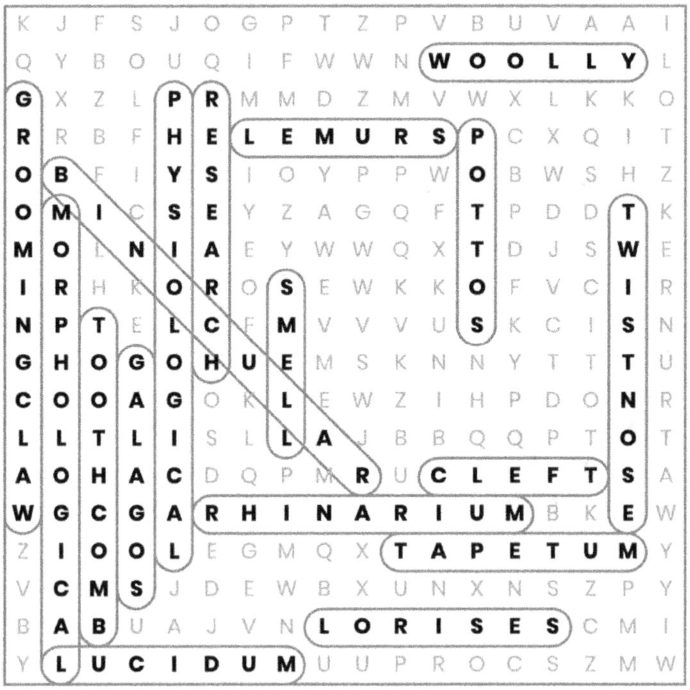

Word Search #10 - Solution

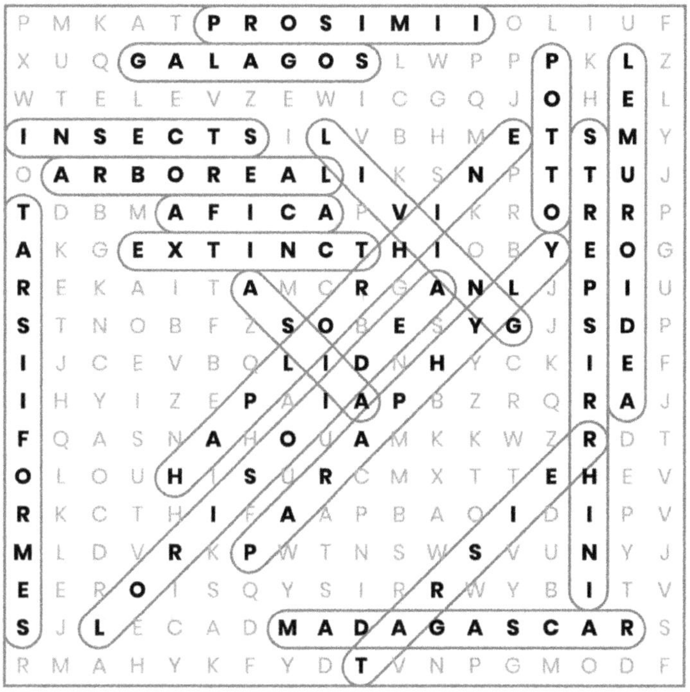

Word Search #11 - Solution

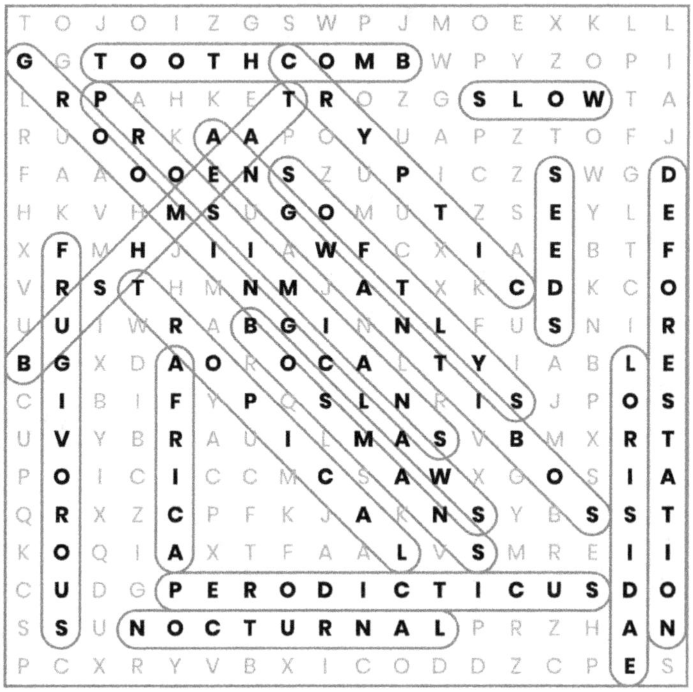

Word Search #12 - Solution

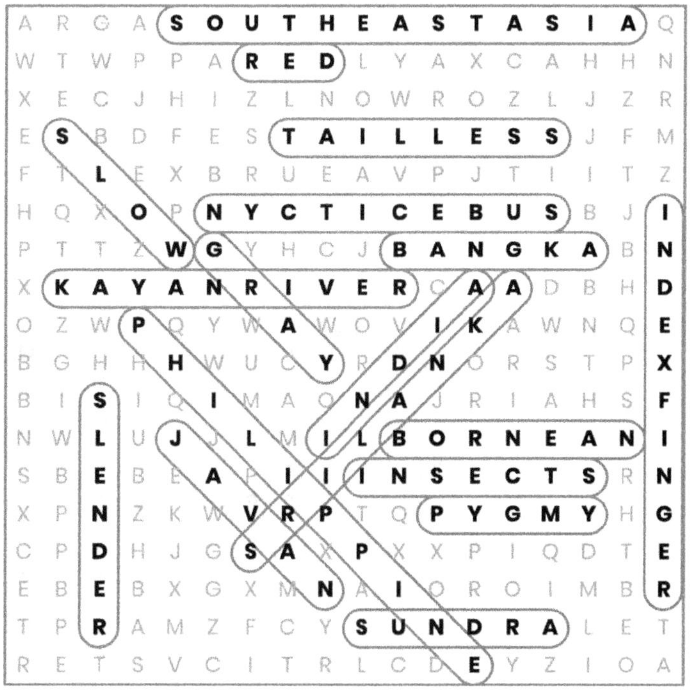

Word Search - Solutions

Word Search #13 - Solution

V	C	S	G	I	U	Y	U	G	V	X	E	X	F	X	C	G	Q
S	E	E	Z	V	J	L	X	R	F	D	G	L	L	F	R	N	L
Y	Z	N	T	R	A	I	U	O	J	F	E	G	V	O	H	G	S
X	R	D	O	L	V	D	U	O	F	G	U	F	D	B	L	X	P
Q	X	A	V	M	E	V	H	V	M	G	R	P	E	U	N	H	E
P	I	N	E	U	O	F	Y	E	S	A	X	O	Z	N	F	Z	T
H	U	G	Q	I	H	U	F	D	V	N	N	T	Z	I	S	D	T
A	L	E	V	M	N	U	S	W	O	O	R	S	P	B	W	E	R
I	K	R	I	M	O	D	P	A	T	T	E	R	N	X	P	T	A
R	Y	E	I	M	C	R	O	P	O	A	C	H	I	N	G	L	D
B	O	D	T	Q	A	F	P	N	R	S	V	W	P	B	K	O	E
Y	M	Z	F	Z	N	N	V	H	E	I	F	S	P	Z	L	E	Z
W	A	H	N	S	I	H	G	J	O	S	M	D	F	A	I	X	F
S	U	K	H	Q	N	Y	I	R	P	L	I	A	L	T	A	Z	K
E	J	O	H	S	E	W	X	N	O	K	O	A	R	V	N	I	G
G	C	I	T	E	S	T	Z	D	Y	V	D	G	Y	Y	A	Z	P
A	X	X	Q	T	Q	I	D	M	A	M	E	K	Y	Z	S	V	F
B	X	Y	T	F	J	A	V	A	N	I	C	U	S	C	X	X	J

Word Search #14 - Solution

A	S	U	F	R	X	Y	N	I	B	Z	I	V	Z	C	K	V	V
H	C	Z	S	N	N	D	D	A	M	A	C	U	U	O	R	Q	C
Q	L	J	P	Y	M	O	R	P	H	O	L	O	G	Y	O	U	J
Y	I	H	I	W	O	T	B	Y	B	O	R	D	G	O	Y	R	E
D	M	K	N	D	T	Z	G	L	G	H	G	P	T	E	W	M	U
M	B	W	A	Q	A	F	J	P	E	W	E	P	Z	A	K	S	T
V	E	S	L	S	H	D	X	L	G	A	W	E	L	W	I	B	K
D	R	F	T	F	O	L	D	E	S	T	P	Z	L	S	T	L	C
U	S	A	V	A	P	B	T	C	W	O	C	E	E	U	W	U	L
E	B	I	K	M	B	A	G	B	I	G	D	L	R	V	Y	L	I
T	B	R	Q	B	C	G	D	R	W	E	I	W	Z	S	K	T	N
S	F	P	C	U	O	M	W	S	A	T	O	Y	I	F	P	R	G
R	T	O	A	S	U	W	W	C	P	S	J	M	Q	D	F	A	E
S	K	T	S	H	O	M	N	E	L	Q	P	O	P	R	S	S	R
D	E	X	O	S	P	E	R	Y	Z	H	H	I	L	J	U	O	S
R	D	G	T	B	I	D	L	Y	D	I	T	A	N	X	J	N	V
D	S	H	I	N	D	L	I	M	B	S	R	S	F	G	Q	I	X
C	B	U	K	N	P	R	E	D	A	T	O	R	S	J	Y	C	V

Word Search #15 - Solution

P	A	K	V	I	Z	V	N	D	N	R	J	H	P	P	N	M	Q
G	E	P	M	A	T	H	Y	S	I	C	I	B	P	G	P	O	M
G	J	P	Z	G	E	K	U	A	I	A	K	I	Q	F	K	B	G
X	B	U	Z	D	S	C	R	N	B	A	N	U	E	V	K	Y	Z
J	P	G	V	R	C	M	A	G	O	Z	U	S	A	G	C	D	R
N	L	P	U	E	J	Y	B	I	Q	H	D	H	S	T	Q	D	Q
Z	C	G	B	Q	M	E	W	H	L	N	Y	O	T	E	Q	W	W
C	V	Z	D	G	O	Y	E	E	A	R	Z	R	E	C	W	E	X
N	V	A	Y	J	B	F	R	L	Y	P	P	S	R	S	P	S	J
P	I	P	U	A	G	V	S	U	R	L	H	F	N	P	H	T	N
H	E	I	F	T	F	I	C	A	E	A	I	I	N	E	I	E	I
C	P	L	J	N	U	P	S	V	W	R	L	E	X	C	L	R	E
M	R	K	E	A	T	S	V	B	X	I	I	L	X	T	I	N	M
U	O	J	I	N	A	E	C	S	G	A	P	D	I	R	P	I	I
C	X	S	W	K	G	H	H	K	A	N	P	S	O	A	P	U	T
H	V	O	A	A	V	U	V	C	S	G	I	A	I	L	I	A	Z
J	Z	M	U	P	X	K	O	N	C	Z	N	Z	K	Q	N	T	S
H	K	Y	J	A	W	A	L	L	A	C	E	S	I	D	E	E	W

Word Search #16 - Solution

C	P	M	F	G	I	A	N	T	M	O	U	S	E	L	B	Z	Y
N	T	M	S	Y	N	Z	S	G	S	F	F	C	G	C	F	S	R
W	I	A	X	L	O	X	W	L	J	K	P	K	E	S	R	N	P
A	S	S	H	N	K	I	A	E	O	T	W	D	V	T	L	I	M
U	P	W	F	A	Q	A	N	Y	T	T	J	B	A	M	B	O	O
I	O	O	F	K	Y	D	D	D	E	Q	H	B	K	X	D	W	X
F	R	O	C	B	W	E	E	W	R	A	O	J	D	E	M	R	S
O	T	L	V	M	F	E	L	I	A	I	Y	P	D	K	O	I	U
R	I	L	Z	F	O	K	B	K	G	F	G	E	F	B	Z	N	D
K	V	Y	U	Y	J	N	A	K	Q	E	R	I	I	H	J	G	X
M	E	R	H	Q	L	F	K	O	O	A	T	R	U	E	Y	T	U
A	I	C	O	L	I	Z	O	E	E	A	C	L	L	U	E	A	G
R	W	A	V	S	U	R	P	Y	Y	F	L	A	S	S	O	I	Q
K	B	D	D	S	H	T	R	M	Z	M	N	A	U	A	I	L	D
E	V	F	W	X	Y	I	I	D	X	J	I	O	K	W	M	E	R
D	S	W	E	A	A	N	I	X	D	F	M	S	M	F	I	D	T
N	Z	P	O	H	R	Z	Y	E	R	P	F	B	L	A	Q	H	Q
Y	H	D	B	O	K	F	C	C	X	J	X	M	O	R	N	T	R

Word Search - Solutions

Word Search #17 - Solution

D	C	R	C	O	S	A	K	N	V	J	O	W	T	W	T	E	K
F	W	O	P	V	Q	V	E	T	I	Z	B	R	I	K	A	A	W
A	F	E	U	L	R	A	L	L	R	Y	H	A	Y	D	I	E	O
R	V	C	V	R	T	H	E	O	D	D	L	C	I	T	A	A	E
C	Y	H	J	T	N	I	M	I	V	F	R	R	O	D	U	C	N
H	K	E	L	V	W	Z	U	Z	N	U	U	K	I	E	V	T	X
A	B	I	X	A	R	K	R	J	G	M	A	P	A	T	E	M	O
E	C	R	M	G	N	L	M	P	E	B	A	D	S	A	P	I	S
O	E	O	X	I	U	I	O	L	A	D	I	U	D	A	T	C	X
L	Z	G	Y	S	Y	Y	O	B	A	R	B	I	Z	D	V	R	T
E	V	A	R	E	C	I	A	L	U	E	I	R	W	W	J	O	R
M	L	L	N	T	H	I	A	M	C	R	I	U	R	L	P	C	D
U	E	E	H	S	B	G	E	O	D	M	L	Z	V	X	N	E	L
R	T	I	U	L	E	L	L	N	P	L	M	O	O	B	V	B	Q
I	R	D	O	M	I	L	I	S	O	L	M	S	I	O	Q	U	U
D	W	A	O	P	A	E	Q	D	N	P	F	V	J	Y	D	S	D
A	C	E	E	L	E	P	I	L	E	M	U	R	W	O	V	E	X
E	X	L	F	D	A	U	B	E	N	T	O	N	I	I	D	A	E

Word Search #18 - Solution

F	D	T	T	O	X	T	G	T	R	C	K	A	F	L	D	J	C
U	C	F	X	I	H	L	Q	U	C	I	T	M	Q	S	I	S	H
Z	Q	A	S	U	Q	O	M	J	N	S	R	V	H	D	C	V	A
P	V	J	D	Y	V	E	O	S	O	T	R	U	E	O	H	E	R
C	R	G	K	Y	L	Z	R	O	R	Y	W	T	J	F	R	R	A
G	S	G	B	O	M	M	B	F	A	T	Z	K	E	L	O	T	C
F	R	C	R	G	A	M	X	Z	E	M	C	A	R	W	M	I	T
F	A	P	H	M	A	K	P	B	V	A	R	E	C	I	A	C	E
E	P	M	T	B	F	P	N	C	O	I	T	N	A	R	T	A	R
H	A	N	I	E	I	E	U	L	E	M	U	R	U	S	I	L	I
Y	K	P	C	L	K	S	E	A	V	A	S	M	A	C	S	P	S
G	O	R	Y	Q	I	Q	A	F	A	P	E	Q	L	W	M	U	T
W	C	O	E	Z	A	E	N	W	F	L	A	X	Q	E	C	V	I
S	E	L	N	L	B	A	S	L	A	I	J	M	E	I	Z	O	C
T	U	E	A	U	W	N	I	P	E	Z	C	G	S	D	R	R	S
Q	K	M	P	Z	X	S	A	D	L	M	R	H	O	L	Y	Z	N
T	R	U	W	D	J	H	L	H	B	F	U	N	T	K	Y	C	L
Z	K	R	D	C	C	O	B	Z	F	L	R	R	F	Q	P	C	D

Word Search #19 - Solution

D	H	O	D	W	H	I	T	E	F	R	O	N	T	E	D	R	Y
W	O	E	Y	Z	R	Q	D	R	F	M	K	B	O	F	B	A	H
T	R	B	Z	W	M	E	G	I	P	O	W	A	X	R	L	N	Y
H	H	C	I	R	N	Z	O	N	P	N	F	M	I	U	U	O	P
D	C	S	R	W	M	E	L	G	P	G	R	B	Y	F	E	M	K
F	F	J	O	V	T	O	D	T	N	O	P	O	T	F	E	A	K
A	N	R	S	M	Q	B	E	A	F	O	W	O	E	E	Y	F	I
J	C	J	L	T	A	Z	N	I	D	S	S	C	J	D	E	A	O
U	B	W	G	D	P	H	V	L	F	E	A	T	N	R	D	N	A
H	L	C	O	L	L	A	R	E	D	E	Z	R	G	X	R	A	R
F	A	L	K	X	F	I	N	D	I	T	E	K	Z	E	G	E	D
V	C	S	A	N	F	O	R	D	S	H	U	E	T	G	S	C	C
Q	K	H	E	F	C	I	U	T	T	K	L	S	O	S	V	J	G
P	R	G	X	O	H	V	S	U	K	R	A	W	E	D	J	B	C
T	Q	B	E	B	K	U	O	P	A	E	K	L	M	K	M	K	H
O	E	W	L	H	X	S	F	I	U	Q	W	E	S	T	E	R	N
F	I	I	T	V	X	Y	D	L	A	C	A	L	A	O	T	R	A
Z	A	U	B	E	A	N	A	M	A	L	A	O	R	X	P	P	I

Word Search #20 - Solution

X	C	B	P	R	T	F	T	H	L	H	R	N	C	A	B	O	L
H	F	C	E	N	P	K	C	R	V	E	R	V	V	E	E	C	G
C	W	B	M	W	Y	Z	T	O	S	D	X	A	R	V	E	O	O
Z	M	A	N	O	S	Y	N	S	E	S	L	R	J	L	T	I	G
B	L	X	C	U	F	A	E	R	E	O	C	T	M	C	J	V	O
A	I	G	H	R	R	L	A	V	G	J	J	O	L	L	Y	S	L
O	S	V	A	I	Z	E	O	N	N	J	O	Z	D	H	D	U	D
D	G	W	B	X	Y	R	O	M	A	N	I	T	A	T	R	A	E
K	D	M	I	R	G	B	R	J	W	D	K	J	L	E	F	P	N
A	A	E	R	U	N	R	L	M	E	V	B	K	A	V	W	A	B
S	O	U	N	M	K	L	E	L	F	E	V	C	V	T	H	N	R
B	F	N	F	Q	Y	S	I	A	S	O	N	E	A	O	K	K	O
C	I	P	J	B	U	A	L	U	T	B	N	Q	S	D	S	A	W
K	K	W	J	O	T	A	O	Z	Y	E	T	T	O	C	E	R	N
J	E	E	F	T	O	M	N	F	W	M	R	E	A	G	Y	A	I
E	I	U	A	S	S	C	O	Q	U	E	R	E	L	S	P	N	I
A	R	F	A	A	N	U	E	T	O	E	O	T	H	V	P	A	T
T	K	M	S	F	O	R	K	M	A	R	K	E	D	N	X	Z	R

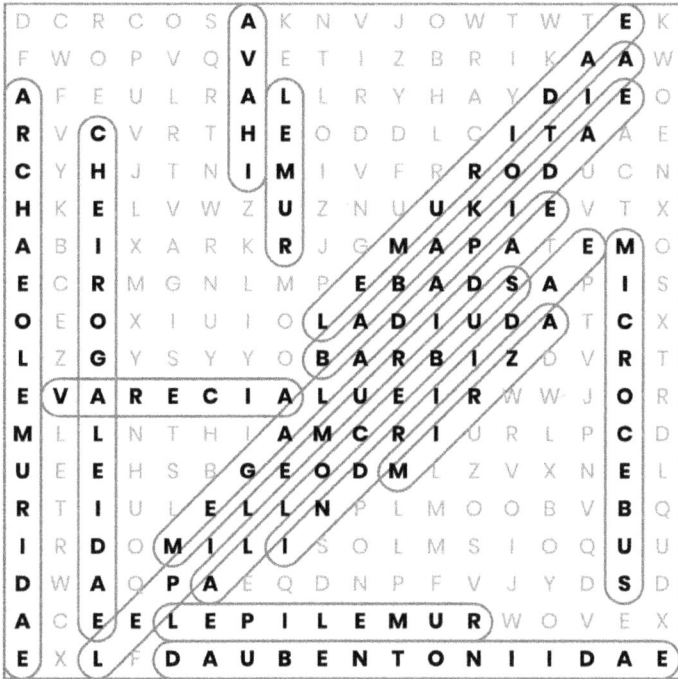

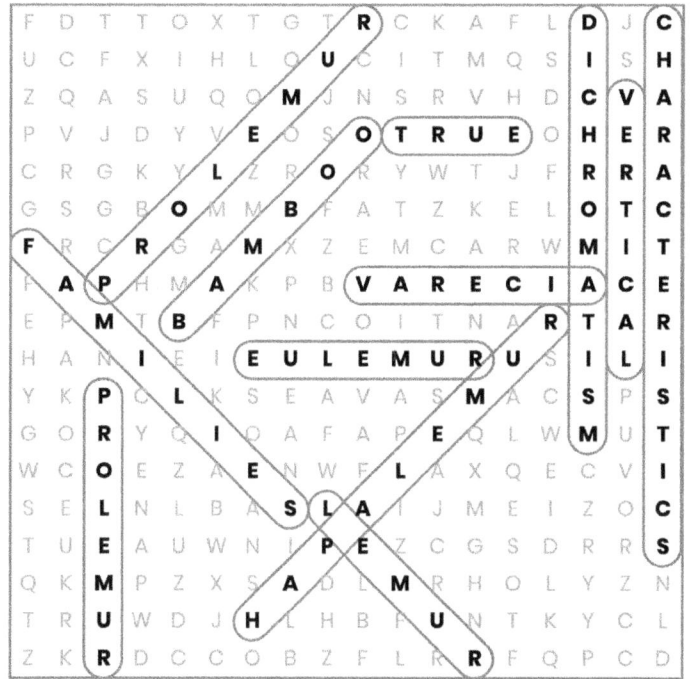

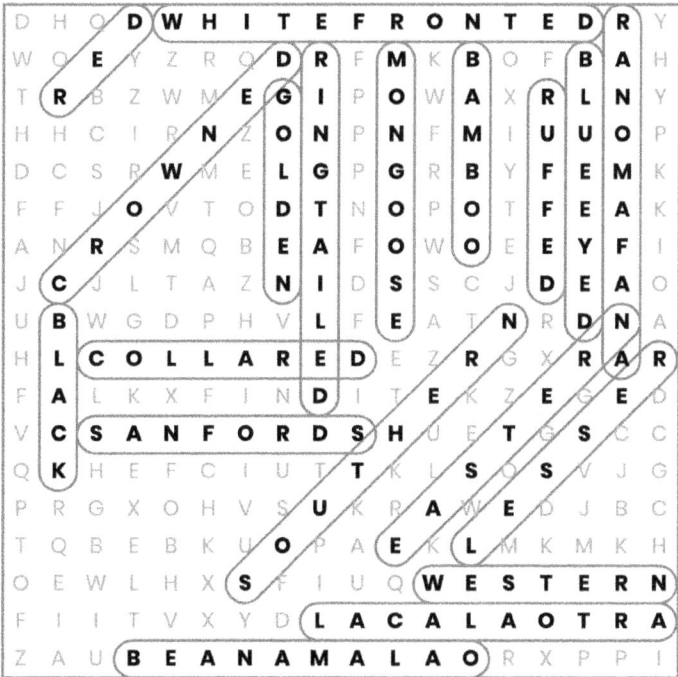

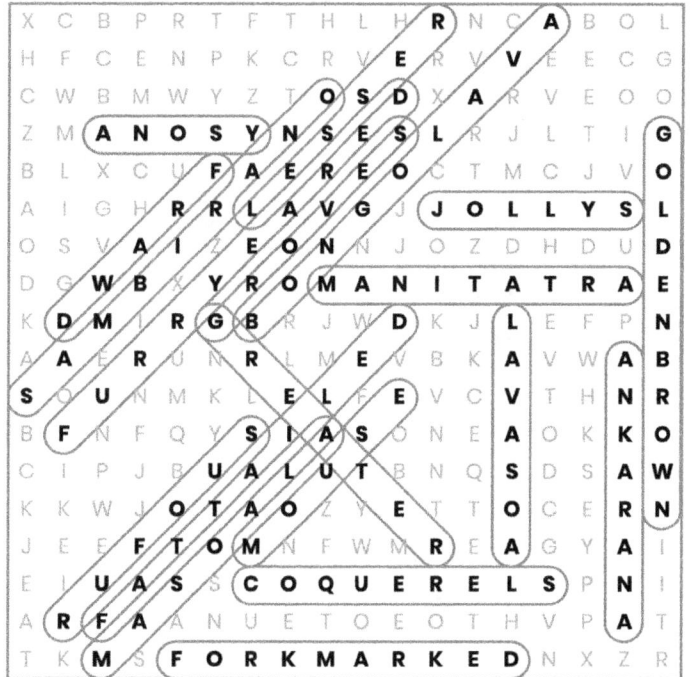

Word Search - Solutions

Word Search #21 - Solution

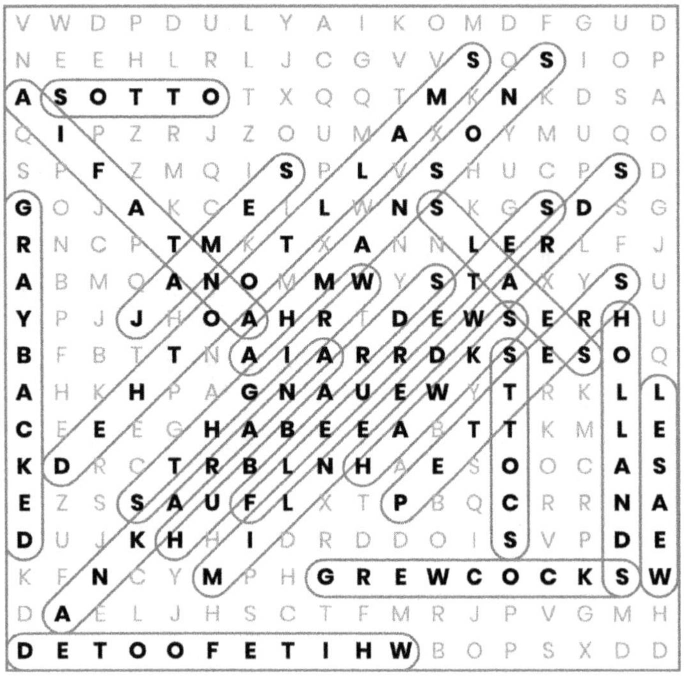

Word Search #22 - Solution

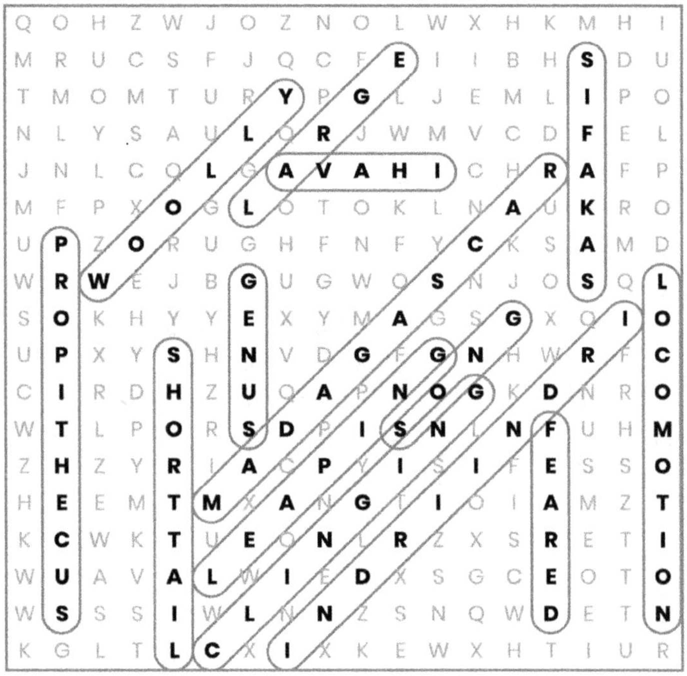

Word Search #23 - Solution

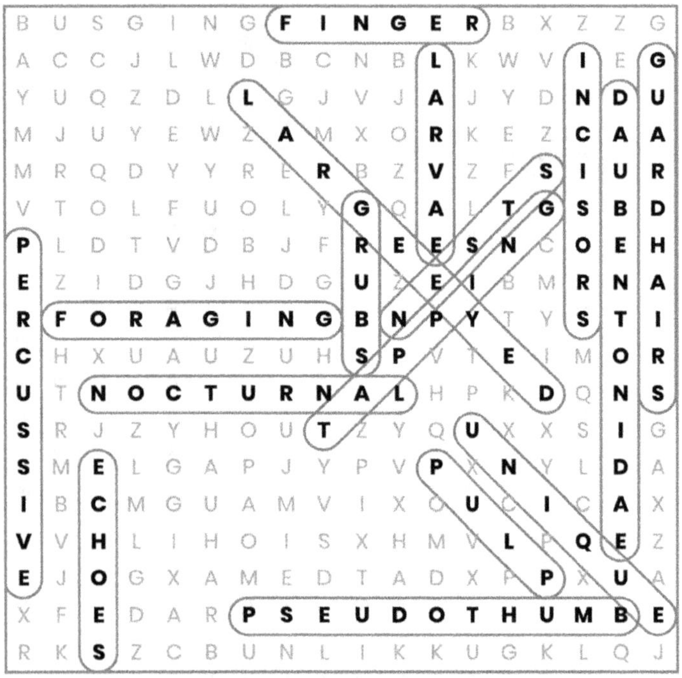

Word Search #24 - Solution

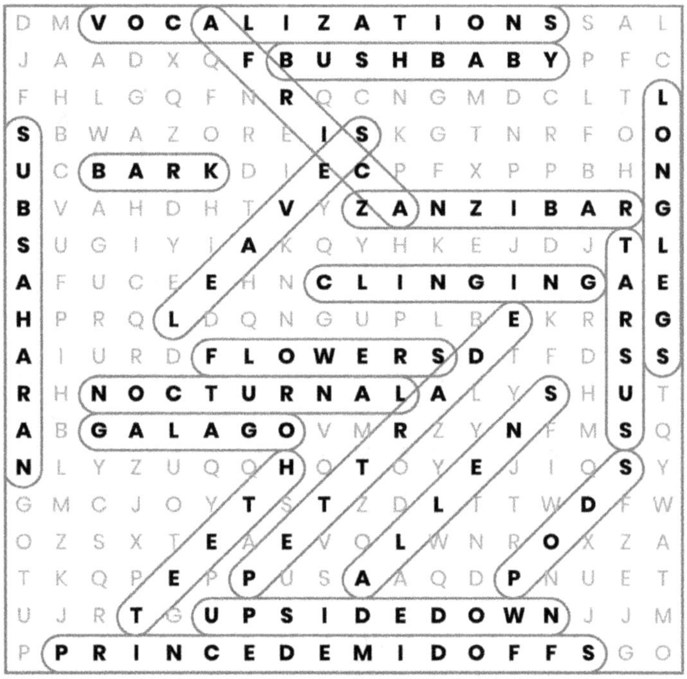

Word Search - Solutions

Word Search #25 - Solution

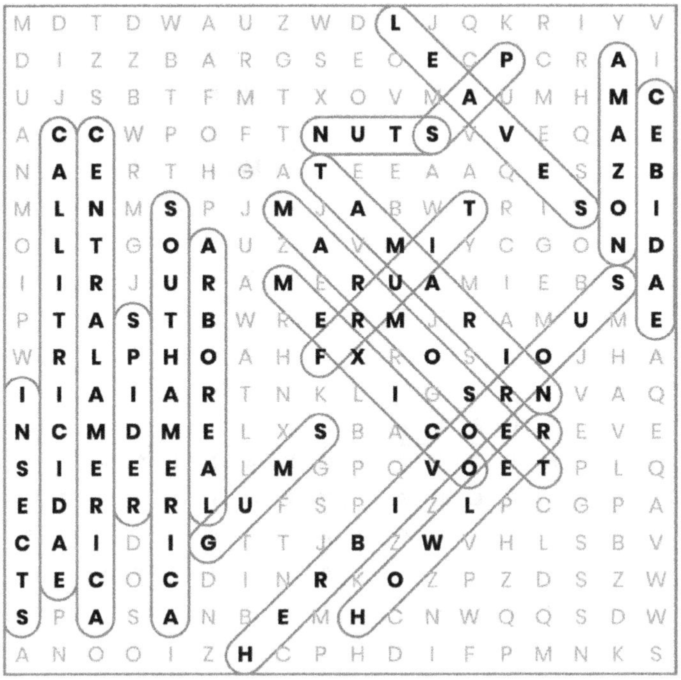

Word Search #26 - Solution

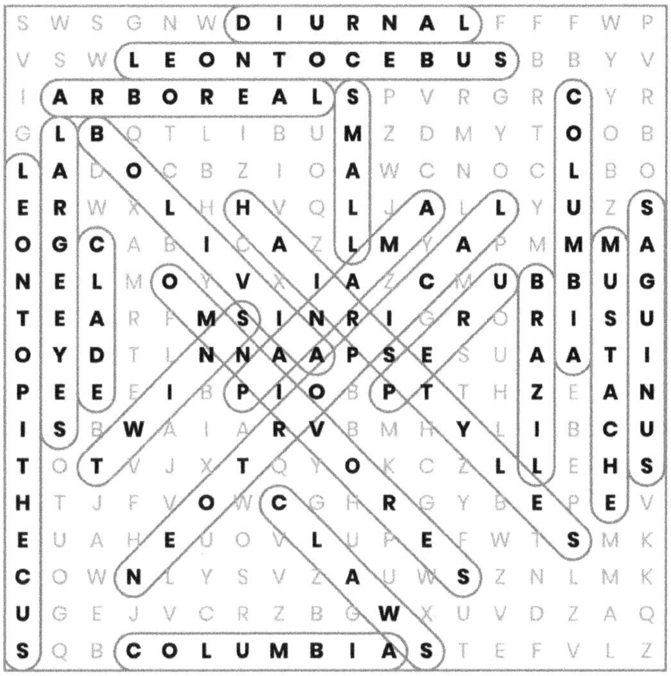

Word Search #27 - Solution

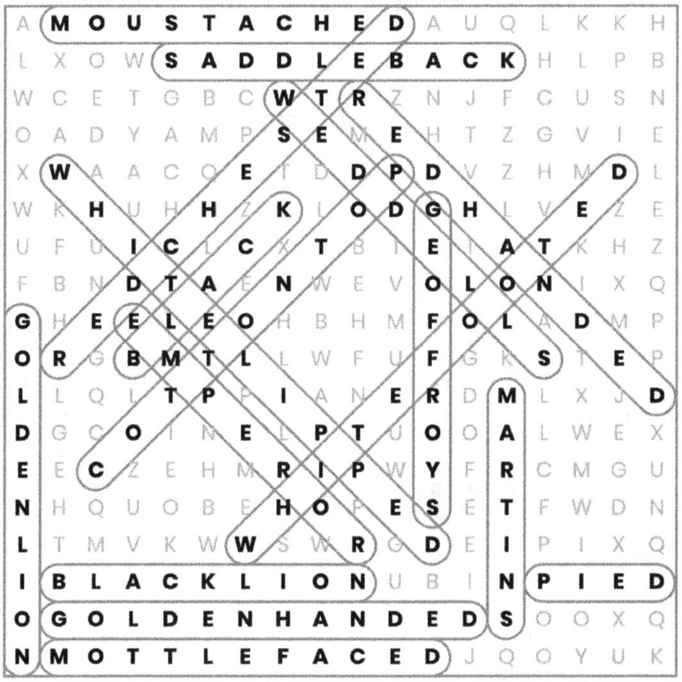

Word Search #28 - Solution

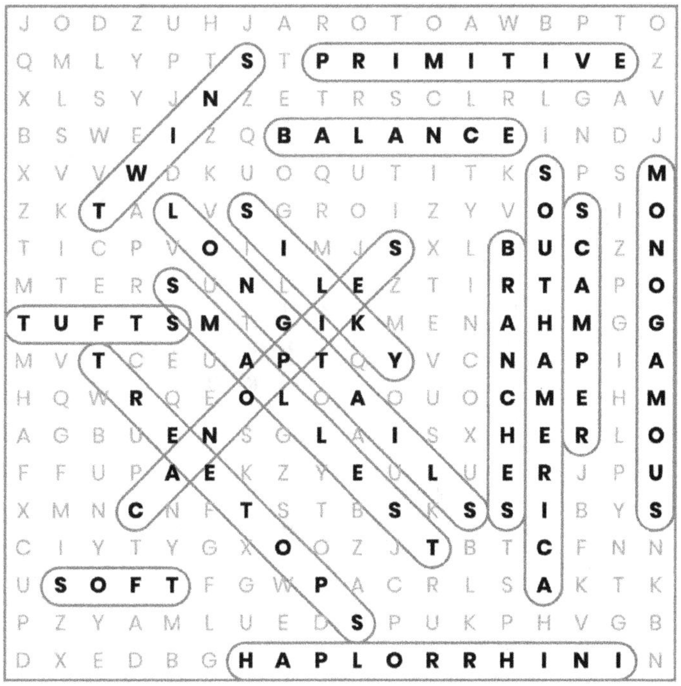

Word Search - Solutions

Word Search #29 - Solution

I	Z	P	X	A	B	U	F	F	Y	H	E	A	D	E	D	T	M
Z	A	Q	V	J	R	O	N	D	O	N	S	Y	L	A	R	X	T
W	I	E	D	S	K	Q	I	E	J	E	M	I	L	I	A	S	J
P	X	Q	S	F	C	I	R	N	G	D	Y	L	O	D	G	E	T
B	C	Z	Z	B	K	E	D	M	A	R	C	A	S	F	H	N	C
S	K	A	C	S	T	C	O	M	M	O	N	S	G	J	B	W	D
A	C	D	S	A	N	T	O	M	Q	O	M	L	S	P	E	H	A
N	I	B	S	Z	Z	E	L	U	Z	U	W	T	M	J	M	I	R
T	Z	W	R	Q	L	H	V	C	Q	O	I	H	L	E	K	T	S
A	W	U	H	K	S	I	L	V	E	R	Y	P	I	X	A	E	J
R	W	Y	M	A	N	I	C	O	R	E	I	B	D	T	U	H	G
E	E	B	L	A	C	K	T	A	I	L	E	D	C	A	E	E	E
M	G	X	H	G	Q	I	T	A	S	P	J	P	M	N	Y	A	N
Y	H	P	J	X	M	B	U	F	F	Y	T	U	F	T	E	D	T
O	P	Y	G	M	Y	S	A	N	T	A	R	E	M	B	V	E	S
V	D	H	E	R	S	H	K	O	V	I	T	Z	S	P	S	D	Z
L	R	V	C	A	L	L	I	B	E	L	L	A	S	D	J	I	F
K	N	K	C	A	L	L	I	B	E	L	L	A	L	P	C	C	E

Word Search #30 - Solution

L	H	C	O	L	U	M	B	I	A	T	W	G	K	K	T	P	A
M	M	P	M	L	E	A	P	E	R	I	N	G	K	W	H	R	E
U	F	I	T	V	E	V	E	N	E	Z	U	E	L	A	A	N	I
U	N	W	B	K	X	H	Q	M	G	K	R	A	Z	N	O	W	R
X	R	T	O	R	F	O	X	L	L	J	M	J	I	Z	F	K	T
A	V	N	C	H	A	Y	G	R	C	A	A	T	A	U	O	R	R
O	B	D	A	K	R	Z	W	F	N	B	N	M	I	L	P	Y	I
T	I	H	V	A	M	R	I	A	X	E	A	J	B	T	O	R	V
U	Z	H	P	E	R	U	P	L	G	C	O	S	I	V	L	F	I
S	L	N	E	C	L	Z	F	R	U	H	O	L	L	O	W	S	R
C	U	E	S	C	K	L	A	X	P	O	V	P	G	H	X	F	G
J	E	T	Q	U	A	D	R	U	P	E	D	U	Y	J	E	E	A
T	V	I	N	E	S	C	O	L	O	R	A	T	I	O	N	G	T
X	P	A	R	A	G	U	A	Y	H	A	B	I	T	A	T	S	U
G	Y	Z	W	G	E	O	G	R	A	P	H	Y	U	M	J	X	S
E	O	Z	Y	Q	X	P	H	K	A	R	Y	O	T	Y	P	E	U
A	O	T	I	D	A	E	V	Z	Z	G	Z	W	G	N	M	H	W
L	N	A	T	I	T	C	N	W	X	G	O	F	E	E	F	V	J

Word Search #31 - Solution

B	N	D	M	B	L	A	C	K	H	E	A	D	E	D	L	U	L
V	B	X	P	T	H	R	E	E	S	T	R	I	P	E	D	V	M
S	R	H	K	E	I	Y	W	X	W	E	N	H	L	C	P	K	K
X	G	A	I	D	R	S	A	Z	A	R	A	S	Q	U	G	X	T
Z	N	N	M	V	E	U	K	Q	S	R	M	H	Q	A	X	N	R
W	Z	D	I	U	P	U	V	O	C	K	Q	N	Y	D	R	W	E
F	Y	E	D	O	Y	L	C	I	K	C	A	Q	E	E	W	I	D
W	B	A	Y	P	Z	U	B	B	A	I	D	I	H	E	I	B	N
M	C	N	L	N	O	Q	X	D	B	N	L	T	S	L	L	H	E
S	T	J	U	O	E	U	P	M	U	L	R	S	U	B	G	R	C
C	G	C	U	I	U	Z	O	Y	E	O	K	O	E	V	T	M	K
S	P	S	G	S	I	L	H	B	N	C	C	J	Q	P	Q	D	E
Z	D	I	I	Y	O	I	Y	Q	A	U	G	O	H	O	A	X	D
O	L	V	S	C	L	A	D	B	O	J	Q	O	A	H	I	L	A
F	W	P	O	H	R	E	M	R	S	P	I	X	S	L	B	N	Z
H	V	L	L	G	H	U	U	K	Y	Y	F	X	A	Y	T	T	H
Z	P	P	F	H	R	O	O	D	Z	E	V	U	C	R	A	S	S
K	T	V	H	B	D	P	G	X	D	L	J	B	I	D	I	U	F

Word Search #32 - Solution

Z	V	E	G	E	T	A	B	L	E	S	P	E	L	Y	W	Y	H
N	M	M	M	O	N	K	S	O	X	Z	B	S	J	W	H	B	S
D	N	T	B	W	U	S	R	F	X	Q	P	M	Y	U	I	B	P
O	W	P	B	L	H	M	X	N	V	O	T	K	I	E	T	L	S
I	H	J	R	A	R	I	Z	N	O	O	Y	B	G	Q	E	A	N
N	P	C	P	E	S	Q	T	R	J	U	B	D	I	V	F	C	G
T	A	P	E	T	H	O	T	E	Q	K	B	F	F	P	R	K	D
E	L	B	L	U	J	E	N	S	T	O	C	K	Y	B	O	C	A
L	M	P	J	A	O	U	N	M	T	H	Q	A	G	R	N	A	Y
L	F	C	I	Y	N	R	F	S	S	X	R	B	C	O	T	P	T
I	R	D	E	T	Q	T	L	U	I	S	T	O	O	W	E	P	I
G	U	C	W	B	U	Q	A	F	N	L	I	K	A	N	D	E	M
E	I	Y	B	U	U	F	G	T	J	T	E	W	C	T	X	D	E
N	T	J	C	A	P	S	T	X	I	E	U	E	N	G	E	S	Z
T	S	G	O	S	R	H	X	E	Z	O	R	F	O	X	Y	D	T
M	Y	E	E	Y	Z	E	F	C	D	G	N	F	T	K	P	T	Z
L	A	U	B	K	M	B	P	F	Z	B	S	S	T	E	E	A	Y
A	E	L	Z	Z	F	X	Y	W	Q	S	B	C	S	H	D	U	W

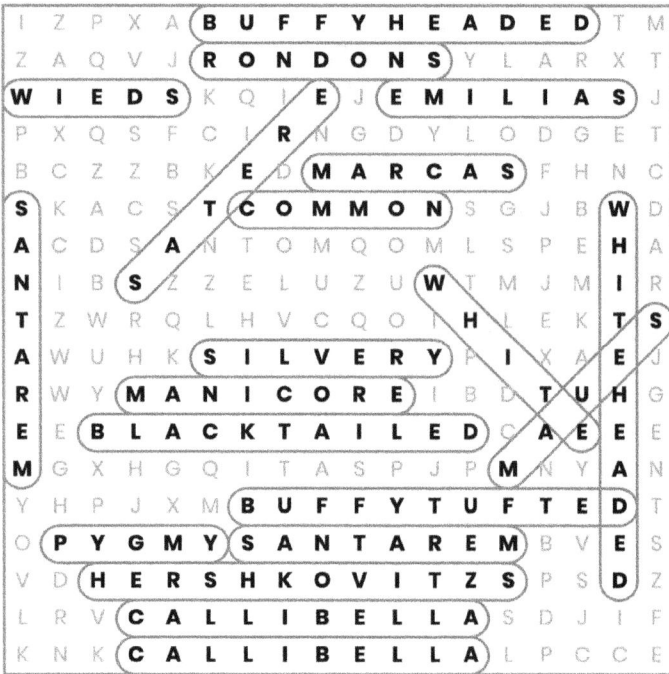

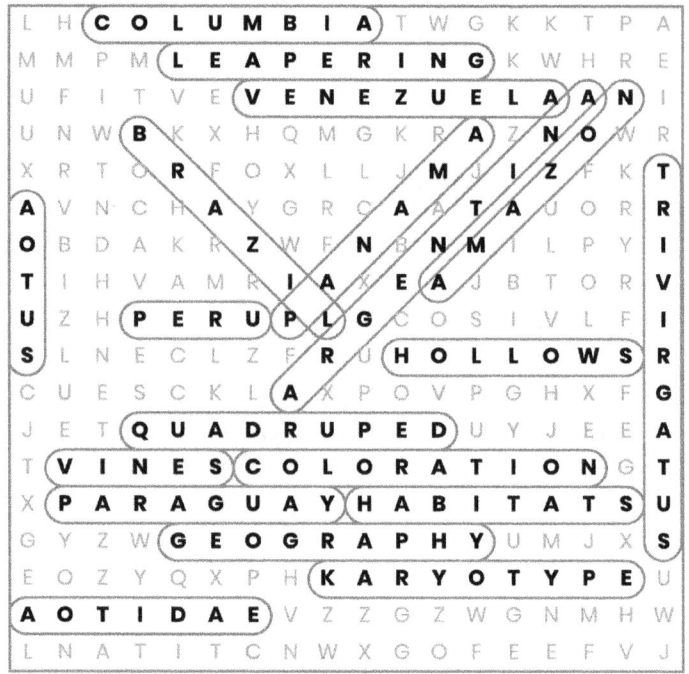

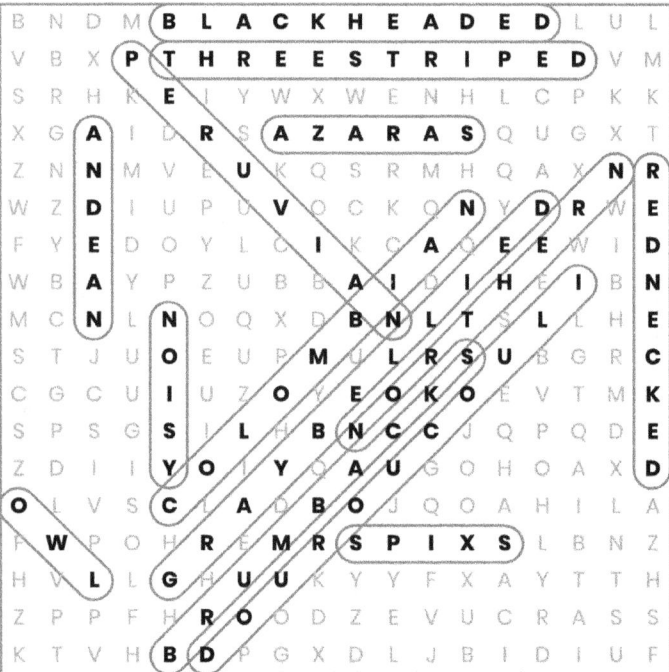

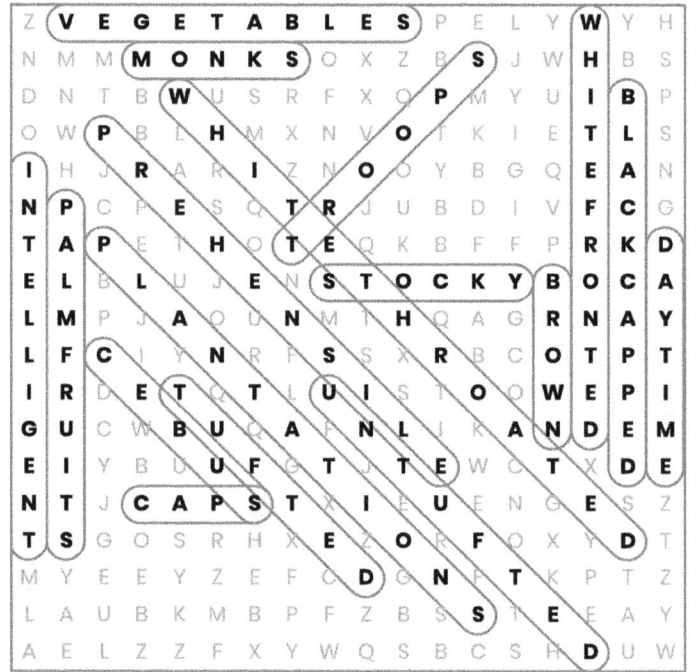

Word Search - Solutions

Word Search #33 - Solution

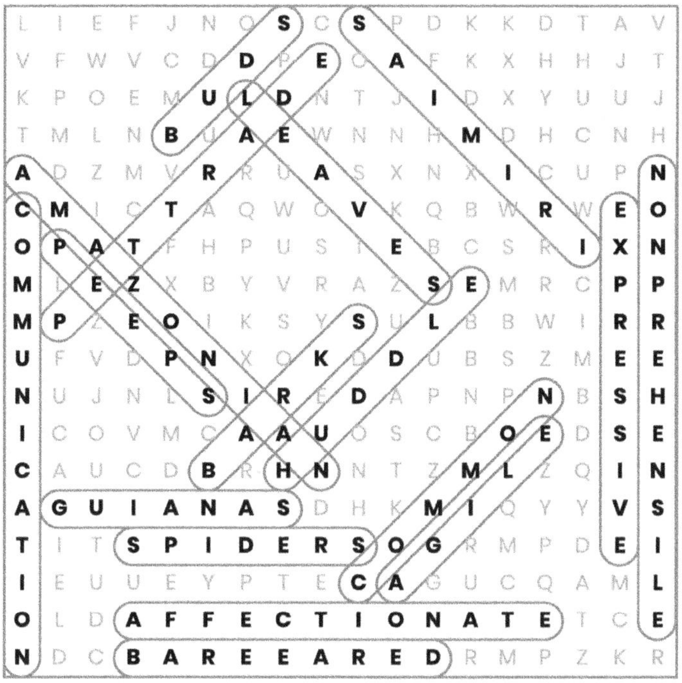

Word Search #34 - Solution

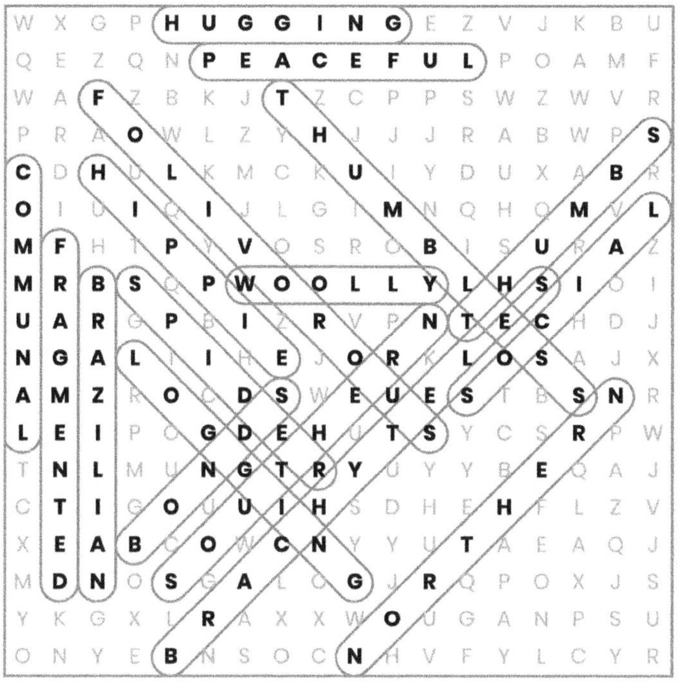

Word Search #35 - Solution

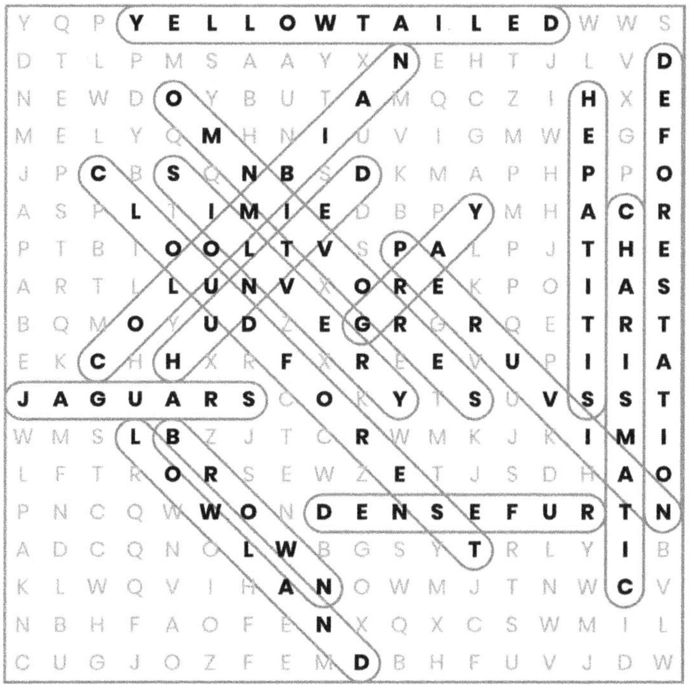

Word Search #36 - Solution

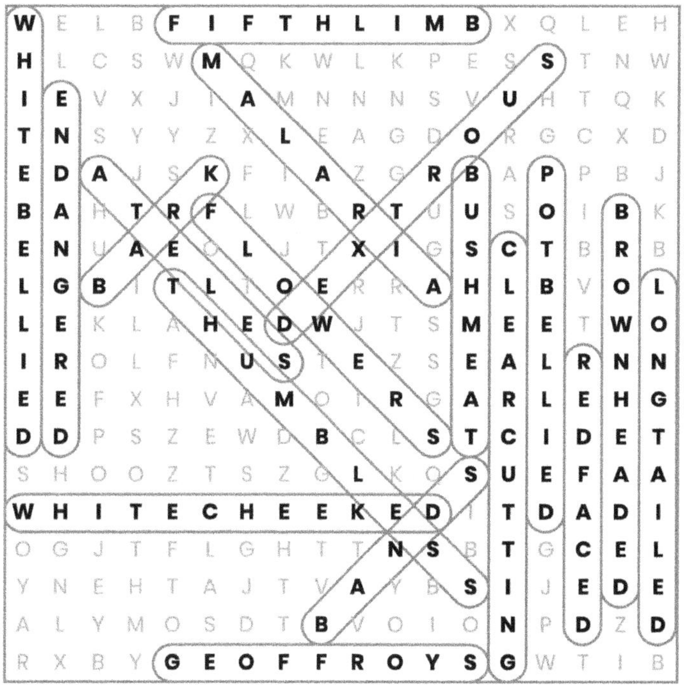

Word Search - Solutions

Word Search #37 - Solution

V	L	Z	I	I	B	R	O	A	D	L	E	A	F	R	W	I	R
Z	P	B	D	Y	L	H	L	Y	Y	Q	V	G	P	K	T	Z	Q
T	W	K	L	I	V	A	I	V	U	J	T	R	D	U	P	R	I
E	U	U	D	A	M	I	R	R	W	E	M	A	B	J	R	R	E
R	S	L	B	Y	C	O	W	G	E	U	T	S	G	M	I	T	G
R	A	G	X	A	W	K	R	C	E	J	K	P	O	R	M	L	V
I	Y	E	V	U	C	C	D	P	C	S	I	I	U	Z	A	Z	M
T	G	I	A	D	F	T	H	F	H	Z	T	N	V	T	R	L	N
O	S	T	O	F	R	H	E	O	G	I	B	G	I	H	Y	H	A
R	L	E	A	V	E	S	T	R	R	E	S	L	G	L	A	J	W
I	D	N	A	H	Y	O	I	D	I	U	O	M	O	Y	E	N	K
E	Y	V	V	S	B	K	W	D	M	A	S	C	S	N	L	G	G
S	Q	Q	Z	H	E	R	B	I	V	O	R	O	U	S	D	Y	T
J	F	C	S	U	C	H	M	L	L	O	U	D	E	S	T	E	O
N	E	F	I	G	H	T	I	N	G	S	F	Y	D	P	U	X	N
C	B	O	J	D	M	D	E	C	I	D	U	O	U	S	J	O	G
P	J	C	F	L	I	C	K	I	N	G	T	D	C	T	I	D	U
D	A	U	G	E	S	F	E	R	M	E	N	T	A	T	I	V	E

Word Search #38 - Solution

K	Y	N	K	Y	I	K	A	A	A	H	V	Y	C	Z	G	J	Y
C	Z	Q	V	Z	O	N	B	C	X	F	P	T	Q	F	L	I	P
H	H	E	C	O	T	O	U	R	I	S	M	Z	I	K	B	Z	O
I	A	Z	U	S	A	K	I	S	S	C	K	A	H	T	F	X	A
R	N	Q	A	W	K	W	H	I	O	T	X	R	T	J	I	X	R
O	I	B	O	R	P	Q	R	A	F	Q	A	L	Z	O	U	S	A
P	T	F	A	V	Q	A	J	I	P	D	X	M	K	A	H	Y	P
O	E	A	R	N	K	A	C	I	P	D	I	U	R	N	A	L	T
T	R	Y	T	A	C	F	A	I	H	A	I	Y	Z	A	T	J	O
E	O	I	U	A	P	H	L	W	G	E	R	U	D	J	Z	R	R
S	P	L	C	L	D	X	L	G	S	X	S	I	M	A	B	N	S
M	A	L	T	R	I	C	I	A	L	Q	J	G	A	E	T	T	G
U	R	G	H	T	R	G	C	V	T	H	B	F	Z	N	O	B	O
S	O	X	O	P	U	R	E	L	L	A	I	T	G	B	G	W	A
V	U	H	P	X	J	R	B	O	U	G	J	T	V	T	D	I	C
V	S	Z	N	Z	K	A	U	C	S	O	C	I	A	L	E	E	U
I	M	H	U	T	X	I	S	U	G	D	J	O	J	V	L	M	O
A	D	M	P	I	S	M	A	L	L	G	R	O	U	P	S	F	J

Word Search #39 - Solution

H	N	C	J	V	T	J	Q	N	K	W	P	W	M	F	K	I	D
O	W	E	B	Q	C	L	L	I	L	Z	L	S	S	B	S	V	W
Z	S	E	K	C	E	I	B	E	A	R	D	E	D	E	H	A	H
W	H	I	T	E	F	A	C	E	D	E	D	J	Y	A	M	F	I
F	R	G	F	G	U	G	U	H	C	E	S	B	U	R	R	U	T
I	C	V	E	V	K	O	S	A	D	T	F	L	Z	D	R	R	E
N	G	K	D	H	P	U	F	A	I	Z	T	A	Y	E	G	Q	N
D	C	M	P	A	T	D	E	U	A	K	A	C	B	D	U	V	O
E	Z	K	N	O	L	H	R	F	F	V	I	K	D	M	W	Y	S
H	P	J	R	A	E	F	W	M	Y	Y	L	B	I	M	O	R	E
I	T	K	B	L	D	V	Z	F	S	F	W	E	M	O	M	N	D
S	B	N	A	R	A	B	F	I	L	G	A	A	G	X	K	S	K
C	P	P	A	A	P	U	H	Q	Q	K	G	R	S	N	J	V	O
E	V	H	S	L	B	J	A	E	E	M	G	D	V	N	E	K	Z
N	L	W	Y	R	H	A	Q	S	F	L	I	E	Z	J	K	E	B
T	K	W	K	I	S	T	Q	E	K	G	N	D	A	J	E	E	I
Q	X	H	P	V	Y	B	C	E	I	H	G	M	H	L	N	A	G
L	Q	E	I	Q	W	T	A	D	K	U	X	J	J	Z	B	O	S

Word Search #40 - Solution

P	R	B	S	W	G	A	G	F	B	R	A	Z	I	L	I	D	N
S	U	B	T	R	O	P	I	C	A	L	U	U	B	P	A	W	P
I	S	F	R	U	G	I	V	O	R	O	U	S	P	Y	M	L	I
B	W	U	P	S	I	D	E	D	O	W	N	T	V	Z	A	F	L
H	H	O	P	U	J	N	E	O	T	R	O	P	I	C	A	L	O
A	I	B	V	F	Y	F	O	C	E	R	A	R	E	F	O	Y	E
N	T	S	L	X	L	E	H	L	S	F	G	T	X	S	H	T	R
F	E	C	C	A	W	R	R	O	H	M	T	V	A	P	F	R	E
D	F	U	P	E	C	B	V	U	Y	N	Y	K	S	I	C	W	C
K	O	N	D	A	N	K	J	C	K	W	W	A	C	Q	D	Q	T
K	O	K	W	H	I	T	T	T	S	U	H	Z	P	Q	M	M	S
O	T	N	X	Z	N	I	G	A	V	E	I	K	D	A	X	Y	E
Y	E	O	Z	L	Y	E	Y	L	I	X	T	B	E	O	Y	B	N
P	D	W	K	U	S	F	Z	J	A	L	E	R	G	F	Z	V	O
S	N	N	G	R	F	H	Q	Y	K	N	C	X	B	C	L	D	O
K	J	U	A	U	P	U	F	F	S	W	D	J	D	I	S	B	W
H	R	O	L	Z	H	F	N	M	A	F	G	S	A	P	O	N	T
D	C	F	N	O	N	P	R	E	H	E	N	S	I	L	E	B	P

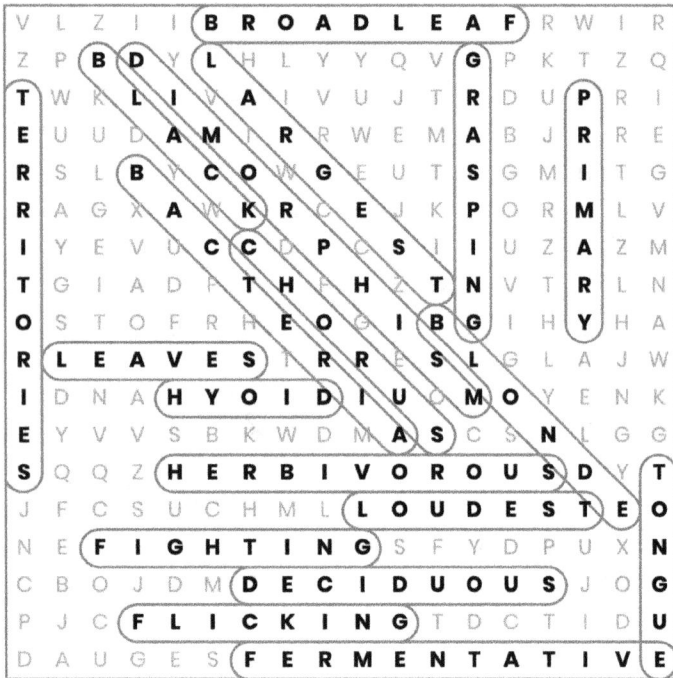

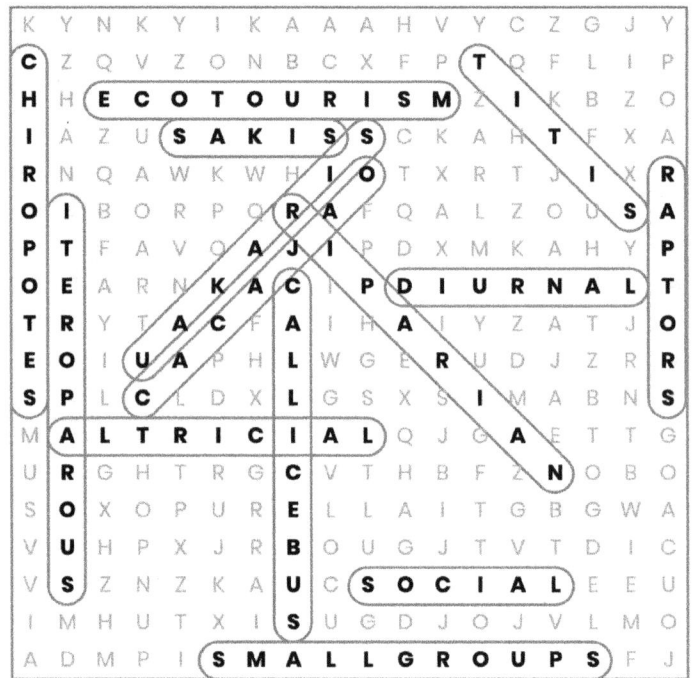

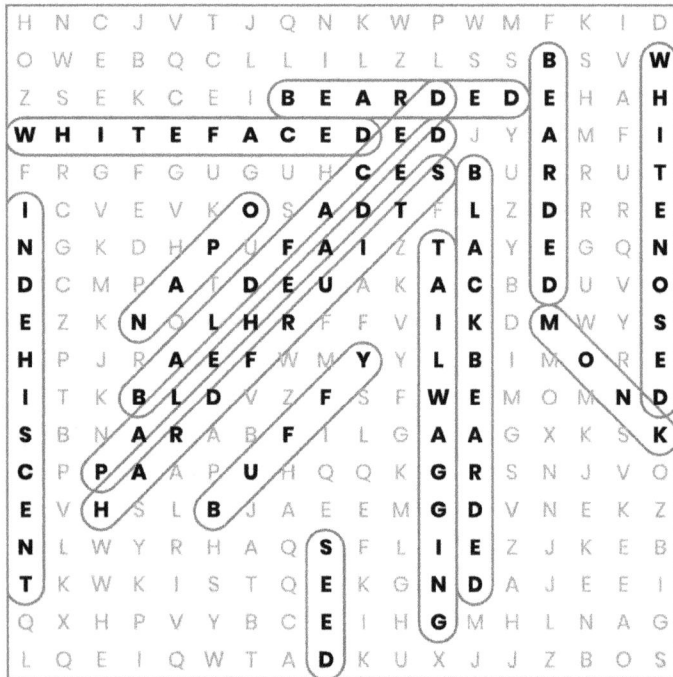

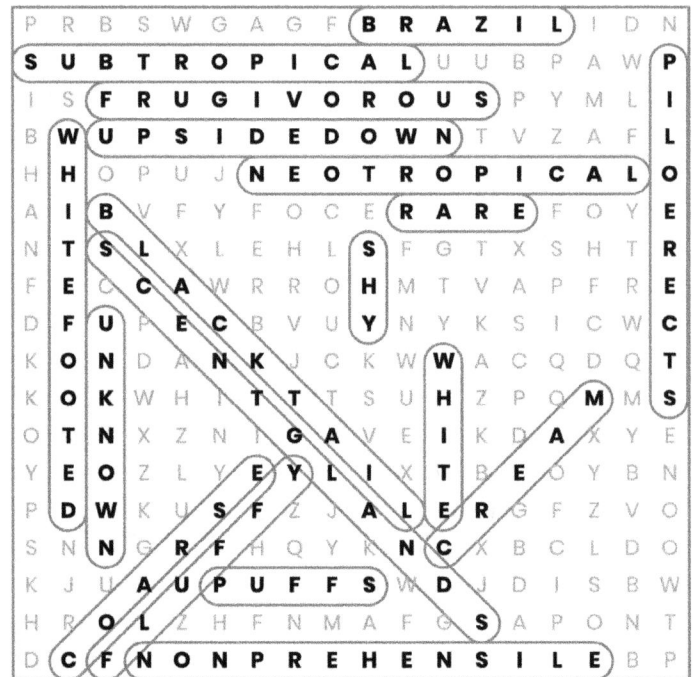

Word Search - Solutions

Word Search #41 - Solution

R	R	O	B	E	X	P	R	E	S	S	I	O	N	S	D	D	A
E	I	S	Q	C	S	Z	X	E	M	P	Q	J	Y	H	S	T	Y
D	U	H	C	A	W	U	B	Q	L	O	X	B	Z	X	W	X	Z
X	B	O	N	A	M	G	S	I	E	E	V	N	A	N	M	U	O
M	R	R	K	B	C	C	U	P	Q	N	V	B	X	L	E	U	O
K	A	T	C	Q	A	A	M	C	E	L	D	A	J	E	D	O	R
S	Z	T	X	M	K	H	J	S	A	N	R	E	T	Z	M	K	B
P	I	A	Y	K	E	W	Y	A	R	Y	S	R	M	I	Q	V	F
E	L	I	N	D	M	B	H	A	O	Z	A	I	W	I	O	M	H
C	N	L	N	N	G	E	I	R	B	J	U	L	O	K	C	N	P
I	U	E	Y	S	E	L	Z	O	L	Z	C	R	I	N	U	B	I
A	T	D	R	A	U	R	B	U	E	P	W	I	I	F	L	Z	Y
L	S	L	J	C	V	F	J	T	A	P	T	A	R	V	G	Z	K
I	I	W	E	G	S	A	R	I	P	A	R	I	A	N	E	O	D
Z	S	P	P	H	O	U	R	E	S	Z	G	I	N	A	V	R	H
E	O	M	K	C	T	J	I	I	S	T	V	X	R	H	Z	I	S
D	A	Z	G	O	G	M	E	C	O	L	O	G	Y	U	X	J	I
P	H	S	S	C	O	N	S	E	R	V	A	T	I	O	N	O	W

Word Search #42 - Solution

G	U	X	V	T	U	F	Q	V	T	A	J	R	W	C	J	Q	Z
D	K	M	M	P	P	A	A	X	F	D	U	Y	C	A	U	H	T
V	P	Y	F	W	P	T	Z	V	R	K	U	Y	C	L	E	U	L
L	H	C	E	W	Z	H	D	U	E	T	S	B	W	L	A	B	A
C	T	N	H	G	O	E	G	T	K	J	U	E	A	I	S	S	Q
M	L	C	V	O	J	R	O	Z	Z	Q	U	C	W	C	L	M	E
O	B	I	O	Z	F	S	G	U	F	J	O	M	V	E	K	C	N
N	B	H	N	O	M	F	H	R	Y	V	X	H	P	B	Z	N	T
O	R	F	Z	G	P	N	S	L	O	U	D	I	O	I	C	A	W
G	P	M	A	Q	I	E	Y	P	Y	O	M	O	N	N	N	P	I
A	P	V	S	M	O	N	R	R	R	K	M	B	B	A	Y	G	N
M	A	F	U	B	I	N	G	A	C	I	E	I	D	E	R	S	I
O	I	O	U	O	Q	L	U	D	T	V	N	N	N	Y	Z	N	N
U	R	K	N	N	N	F	I	R	D	I	T	G	J	G	S	Q	G
S	B	Z	X	D	K	O	M	E	S	U	O	U	P	E	Z	F	Z
N	O	T	H	I	Y	W	M	Y	S	I	D	N	G	Q	T	F	F
Z	N	N	K	N	R	T	B	H	L	O	N	U	G	S	O	K	A
T	D	K	Z	G	B	M	G	C	K	S	V	G	D	W	U	I	V

Word Search #43 - Solution

M	D	H	Q	W	H	I	T	E	C	O	A	T	E	D	Y	J	W
G	H	E	R	S	H	K	O	V	I	T	Z	S	U	E	X	A	H
C	U	Q	Q	L	Q	T	O	P	P	I	N	S	O	L	T	T	I
H	U	A	F	B	G	C	O	J	T	G	G	J	K	E	U	W	R
E	R	T	P	D	R	C	X	R	L	W	I	F	U	S	R	M	G
S	E	C	G	H	M	N	X	B	N	C	A	Q	N	E	Z	Y	O
T	D	P	O	O	X	Q	W	S	M	A	A	O	F	I	R	D	A
N	H	H	Z	L	B	A	L	P	R	C	T	I	A	E	B	U	T
U	E	V	Y	X	L	H	J	W	U	L	C	E	P	A	B	K	L
T	A	F	U	W	X	A	W	L	I	U	X	P	B	F	P	T	A
B	D	Y	Z	Z	J	L	R	M	L	O	O	M	Z	R	Q	L	N
E	E	U	E	I	R	N	E	E	Y	C	A	L	C	P	D	C	T
L	D	M	A	D	I	D	I	A	D	B	G	T	L	I	W	J	I
L	Z	L	S	E	V	O	M	W	U	T	L	X	L	A	N	O	C
I	Q	O	J	Y	E	O	X	R	T	N	W	D	N	Q	L	N	G
E	K	Q	C	L	I	F	U	P	A	R	E	C	I	S	B	A	I
D	T	I	C	R	B	L	A	C	K	H	A	N	D	E	D	P	H
L	K	V	G	N	T	Y	M	V	X	Y	I	C	H	N	Y	F	T

Word Search #44 - Solution

O	C	E	R	C	O	P	I	T	H	E	C	I	N	E	S	P	P
D	I	I	K	P	G	D	H	A	S	U	Y	Y	R	P	Y	S	S
M	N	Q	H	K	J	S	I	Z	D	H	J	J	N	S	A	T	W
J	O	W	O	K	B	S	H	A	Y	F	B	W	M	M	S	E	U
M	S	V	N	E	A	C	I	T	I	E	S	J	I	E	E	R	A
U	T	C	I	O	X	E	O	V	F	L	Z	M	R	S	E	B	X
Q	R	S	H	A	B	I	T	A	T	S	M	O	N	X	D	W	E
W	I	U	H	I	Q	N	X	Z	G	O	F	H	I	B	W	D	S
J	L	B	Z	C	O	L	O	B	I	N	E	S	Z	O	A	D	N
L	S	F	D	B	M	A	W	T	I	G	W	C	Y	R	N	D	A
U	G	A	D	D	K	L	P	A	X	D	E	S	E	R	T	S	Q
M	N	M	V	H	G	L	R	L	A	F	R	I	C	A	W	Y	V
L	W	I	O	H	T	A	I	L	E	D	R	H	F	U	F	O	S
Z	N	L	A	Z	Y	G	O	G	L	L	D	S	Q	S	Q	C	F
H	H	I	M	O	Z	S	N	O	W	W	U	X	G	Z	T	N	S
Z	E	E	O	C	E	R	C	O	P	I	T	H	E	C	I	D	S
L	A	S	D	I	V	E	R	S	I	F	I	C	A	T	I	O	N
M	N	P	R	E	M	O	L	A	R	S	R	Q	C	P	T	K	C

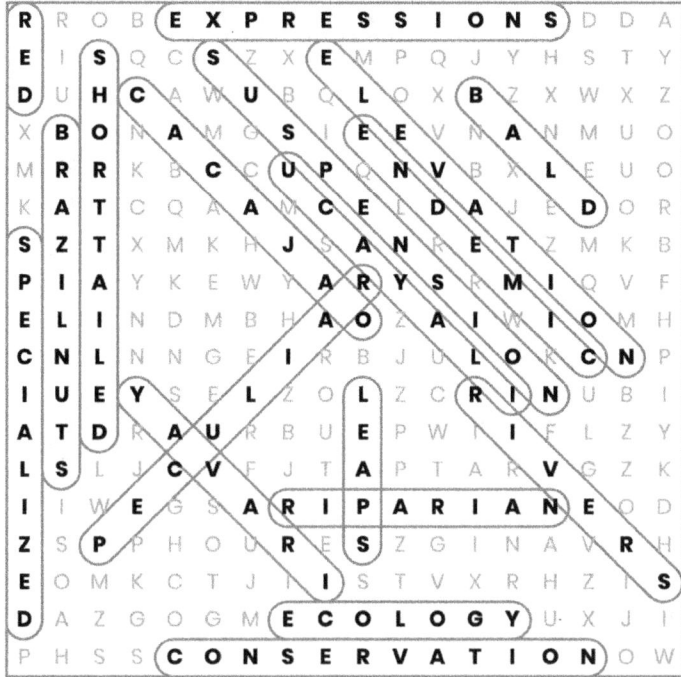

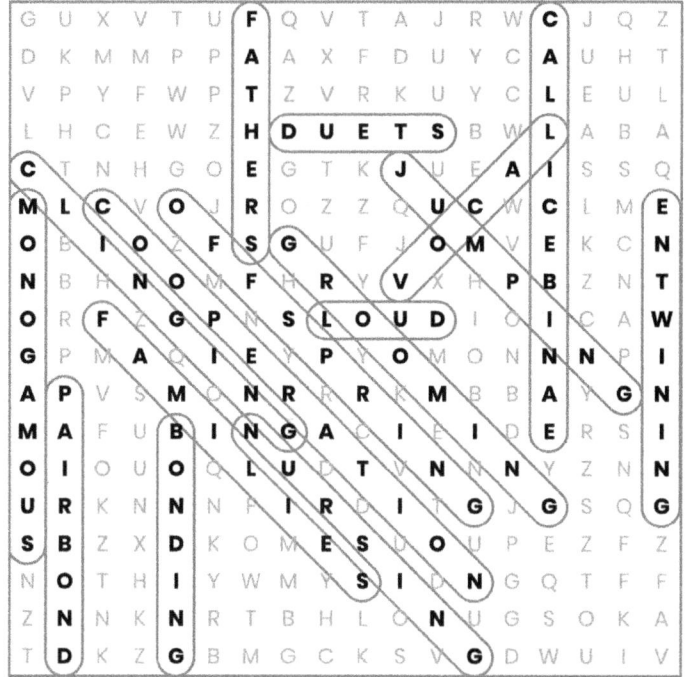

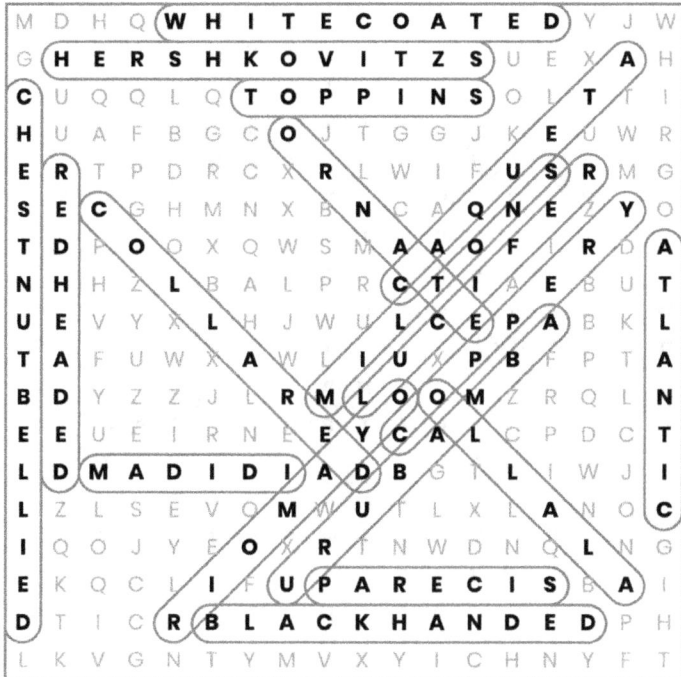

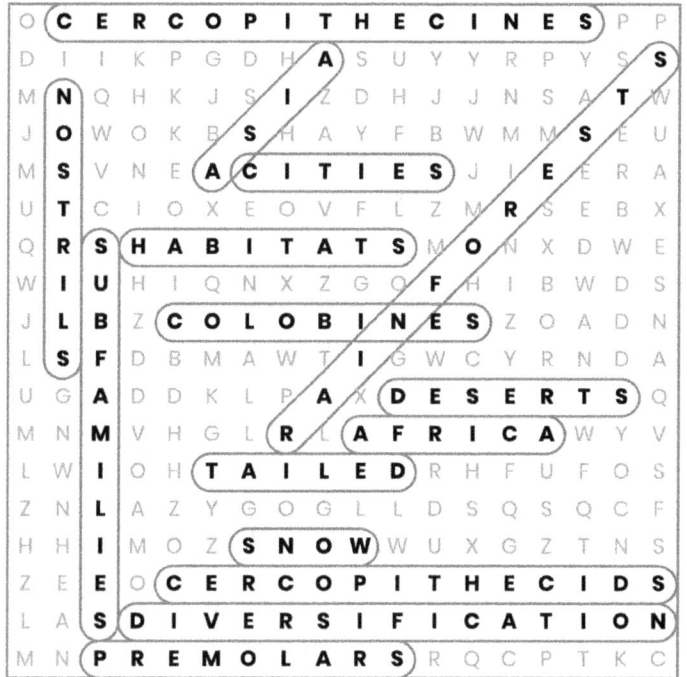

Word Search - Solutions

Word Search #45 - Solution

B	F	F	J	U	G	P	R	O	B	O	S	C	I	S	G	F	Z
M	B	C	F	M	A	N	G	A	B	E	Y	P	O	M	O	Y	M
U	A	V	O	O	P	N	N	G	U	E	N	O	N	V	L	L	A
S	G	A	K	L	O	B	J	V	N	O	G	C	U	J	N	O	C
T	N	A	B	O	O	A	O	S	I	L	A	E	S	L	R	F	A
A	B	L	B	F	X	B	J	N	W	W	F	L	X	G	I	B	Q
C	J	A	Z	O	V	V	U	G	N	A	D	N	T	V	K	M	U
H	B	N	V	R	T	E	I	S	Q	E	M	V	X	T	L	J	E
E	O	H	P	M	O	R	X	L	N	D	T	P	K	L	A	Q	S
D	V	T	A	A	T	V	V	F	Z	G	W	N	A	R	N	V	T
T	S	W	T	N	A	E	R	E	U	N	Q	T	J	S	G	R	R
U	M	U	A	D	L	T	Z	B	B	E	W	K	U	C	U	O	P
U	R	O	S	R	A	R	G	A	M	M	C	S	G	L	R	J	X
T	S	Z	O	I	P	U	E	R	I	W	E	U	A	S	S	A	M
P	B	T	H	L	O	J	L	B	U	H	K	R	L	S	R	G	W
S	M	X	A	L	I	L	A	A	R	B	F	S	B	G	U	J	V
Q	L	I	E	L	N	T	D	R	Q	R	Z	L	A	A	F	F	R
E	P	G	E	P	P	M	A	Y	K	B	P	V	K	E	V	F	W

Word Search #46 - Solution

N	L	I	P	L	A	N	T	A	T	I	O	N	S	X	Z	Q	T
W	E	L	O	N	G	A	T	E	D	Y	X	G	T	Z	U	S	E
M	N	Y	F	M	N	G	P	H	N	K	S	D	C	Z	Z	M	Y
V	U	L	E	A	V	E	S	O	E	I	E	H	M	W	D	Z	Y
E	U	W	X	C	D	C	C	R	C	T	C	W	P	S	X	M	D
W	H	B	J	B	O	A	P	S	A	A	L	F	K	M	M	O	B
S	Y	D	L	F	J	C	O	L	M	S	E	J	H	M	E	R	T
O	R	I	L	D	V	B	U	O	E	J	A	B	E	N	D	P	A
P	H	G	L	N	O	C	T	N	J	L	F	K	R	Q	O	H	V
U	X	E	I	R	C	S	I	U	C	C	E	V	B	L	C	O	K
M	U	S	P	A	X	T	B	Q	O	O	A	Y	I	U	E	L	B
Y	M	T	S	C	S	G	W	H	L	Y	T	G	V	N	L	O	E
N	P	I	M	E	F	D	J	C	O	H	I	L	O	G	L	G	A
T	U	O	T	W	A	Z	U	O	B	T	N	A	R	U	U	I	R
Q	A	N	I	T	N	G	A	Y	U	O	G	N	E	R	L	C	I
C	I	S	A	L	I	V	A	S	S	A	N	D	S	S	O	A	B
D	I	P	T	E	R	O	C	A	R	P	P	S	M	J	S	L	K
N	L	I	F	C	B	F	Y	S	Q	N	B	A	B	Z	E	Y	W

Word Search #47 - Solution

Z	C	R	O	C	O	D	I	L	E	S	F	Q	A	Y	K	A	B
M	N	T	A	I	B	O	R	N	E	O	F	G	W	M	N	T	X
I	M	A	N	G	R	O	V	E	S	A	X	W	T	W	K	T	G
S	W	B	G	Z	Y	M	R	E	X	I	B	E	I	S	L	R	Y
T	I	D	Z	Q	M	M	Z	B	A	N	D	P	M	W	N	A	K
Z	K	T	X	U	Q	P	B	E	F	W	M	I	B	I	A	C	N
L	J	C	Q	P	Z	J	L	E	B	P	I	W	E	M	S	T	V
E	V	P	M	A	Y	S	R	I	K	G	M	C	R	M	A	I	H
X	Q	Z	A	L	P	L	U	I	H	A	R	E	M	I	L	O	C
J	Q	I	F	M	E	I	C	J	V	F	N	O	A	N	I	N	D
C	R	V	A	O	M	J	W	K	D	E	H	T	B	G	S	U	Y
G	L	W	B	I	R	B	W	O	F	O	R	F	A	E	D	C	Y
L	S	G	S	L	J	U	H	E	H	H	R	S	S	N	A	W	F
M	J	A	K	W	K	C	H	V	B	F	X	O	L	C	Q	A	Y
U	L	O	W	N	E	P	A	V	H	B	N	C	I	P	K	S	F
J	I	D	K	Y	L	A	Z	X	N	B	E	L	L	O	K	D	T
O	B	J	C	G	Q	K	O	M	S	L	E	D	D	X	H	W	N
M	C	O	G	Z	G	R	J	Q	C	D	D	X	N	X	H	U	F

Word Search #48 - Solution

C	Q	F	B	A	F	R	V	Y	L	G	G	K	A	I	T	E	Q
K	J	U	W	M	Z	Y	R	O	R	N	N	T	S	E	A	N	D
N	L	P	D	L	I	Z	D	K	I	A	C	K	V	N	R	J	T
S	J	J	H	Z	R	D	H	K	I	G	R	I	I	M	G	M	O
M	A	F	G	I	U	S	I	N	B	A	L	B	A	L	P	P	U
T	I	M	H	U	J	N	I	J	B	O	O	Q	X	O	Y	A	R
H	L	U	H	P	E	S	G	I	A	L	U	S	F	A	G	E	X
U	S	T	G	D	S	R	Z	W	O	N	E	Z	M	O	U	K	F
M	M	I	B	Y	F	N	E	C	A	L	G	R	E	D	K	S	L
B	A	L	B	V	A	E	Q	Z	T	Q	Z	O	N	J	E	U	E
L	N	A	L	Z	E	A	E	N	A	S	L	B	L	Y	S	B	I
E	T	T	Y	R	X	N	A	T	R	O	O	P	S	A	B	J	V
S	L	E	X	Q	I	M	G	L	E	F	A	E	N	W	N	Y	R
S	E	D	D	S	E	P	E	N	N	A	N	T	S	K	A	R	B
M	D	O	R	V	K	I	L	I	M	A	N	J	A	R	O	F	K
G	S	U	W	W	H	I	S	K	E	R	S	F	B	L	A	C	K
Q	N	G	R	E	G	A	R	I	O	U	S	A	Y	X	Q	P	D
Y	O	H	L	E	O	P	R	Y	C	J	H	H	I	T	S	C	T

Word Search - Solutions

Word Search #49 - Solution

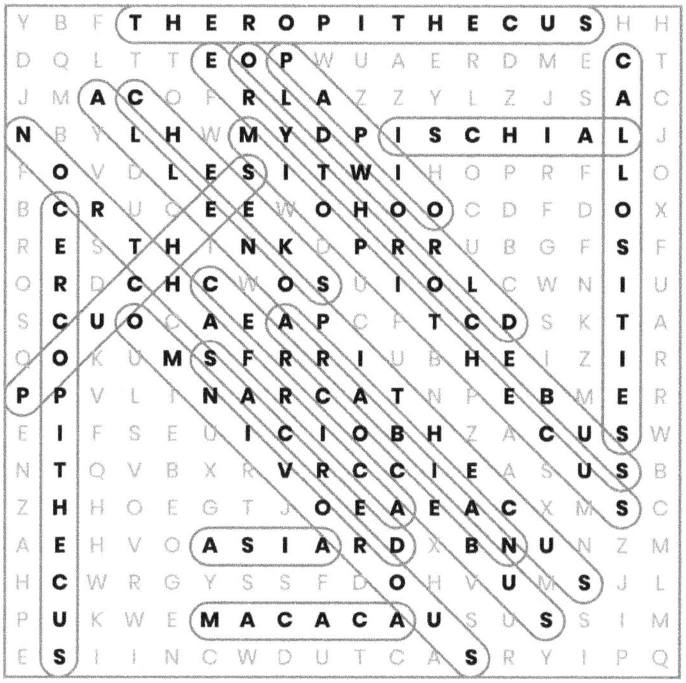

Word Search #50 - Solution

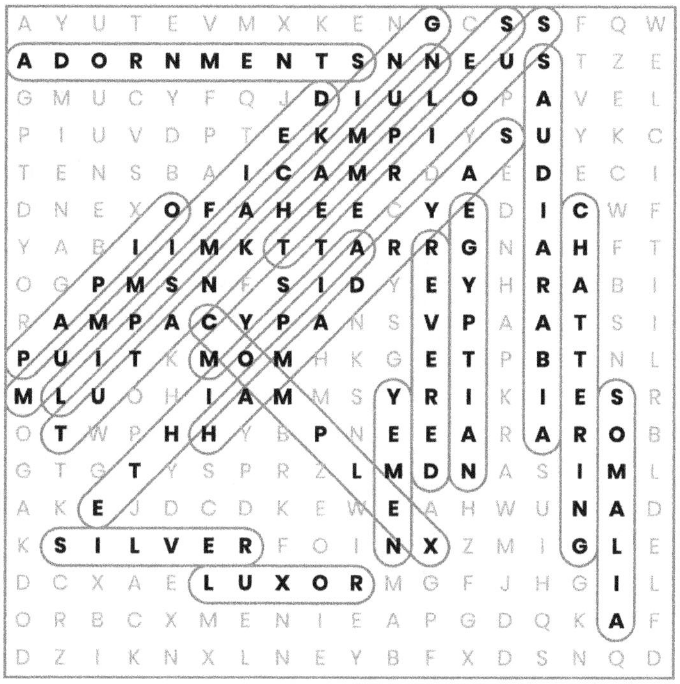

Word Search #51 - Solution

Word Search #52 - Solution

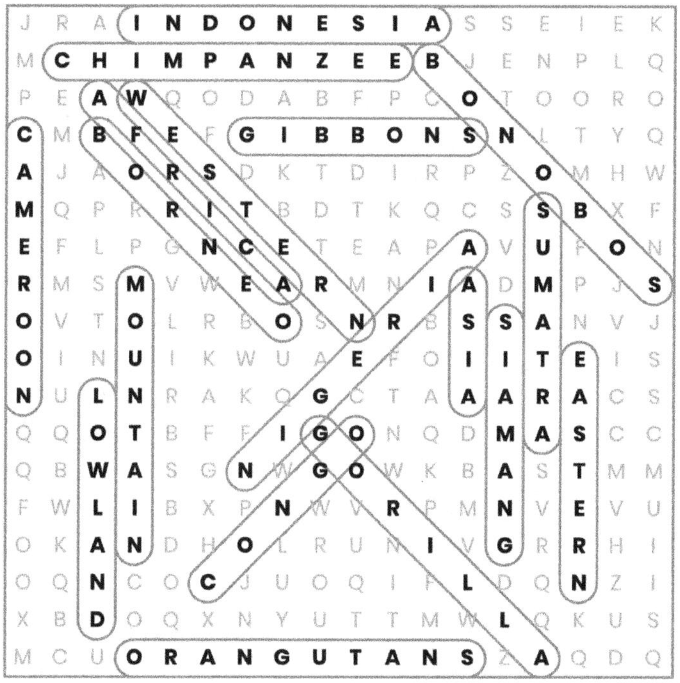

Word Search - Solutions

Word Search #53 - Solution

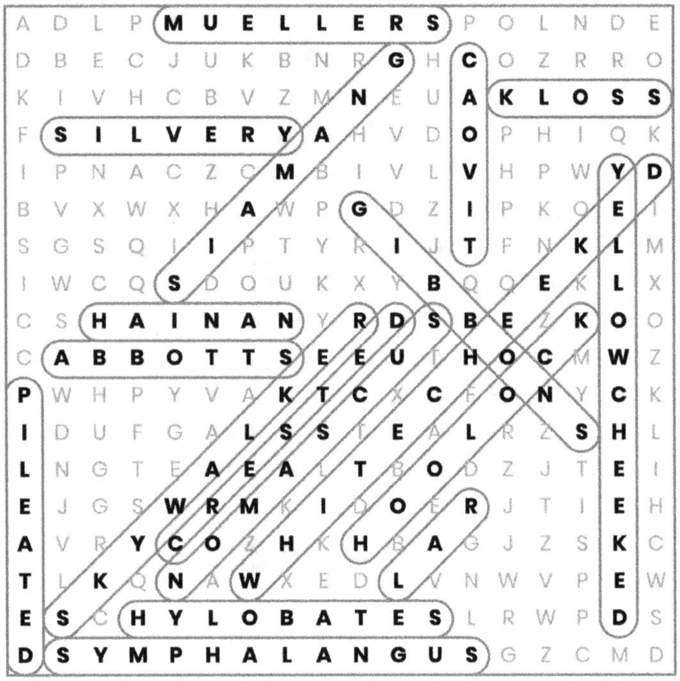

Word Search #54 - Solution

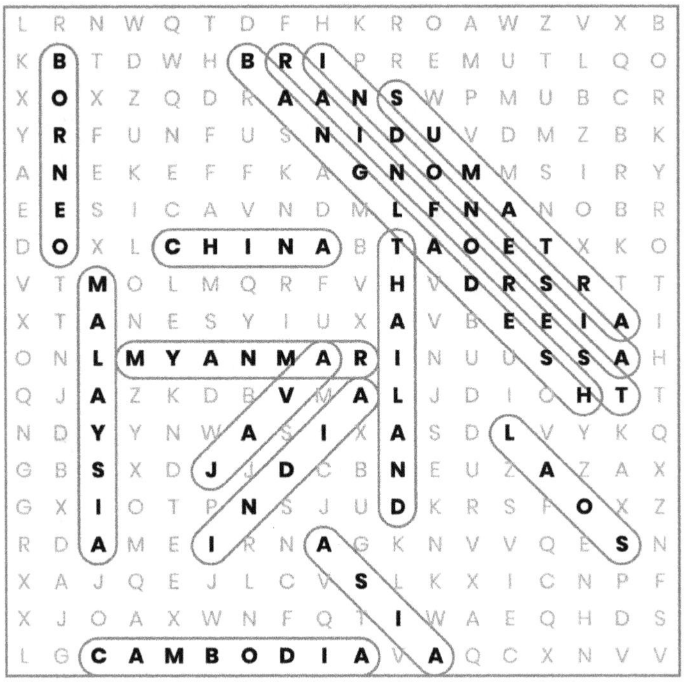

Word Search #55 - Solution

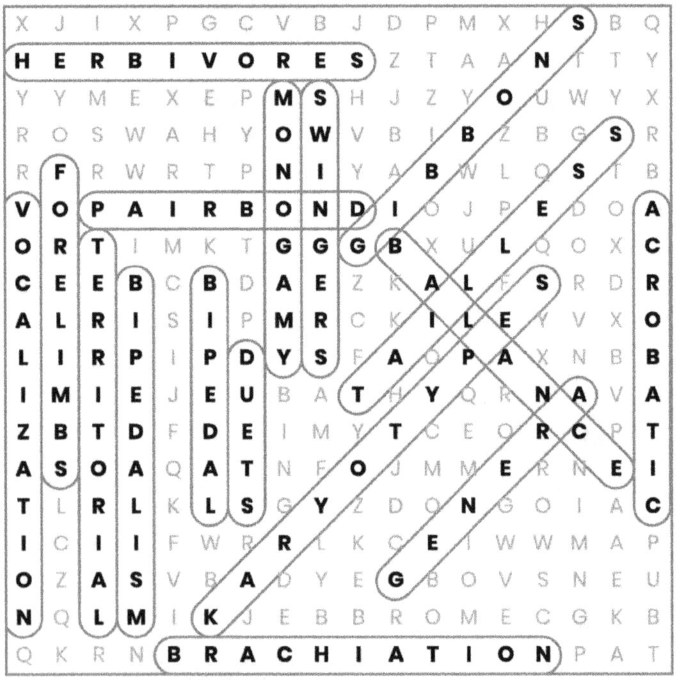

Word Search #56 - Solution

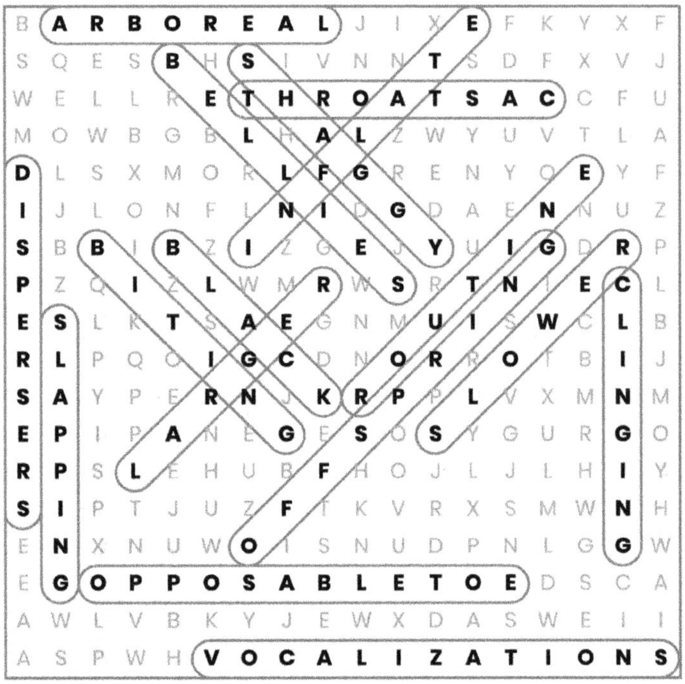

Word Search - Solutions

Word Search #57 - Solution

M	V	G	E	G	P	X	G	P	Q	N	B	T	K	W	F	T	S
R	B	U	B	V	A	W	F	D	T	R	E	E	T	O	P	S	M
Z	N	I	L	R	I	Q	N	S	Q	A	K	S	X	D	F	T	B
Z	E	U	A	R	P	E	S	V	D	E	K	U	M	A	C	E	P
F	C	R	C	E	A	Q	T	P	L	L	O	B	X	N	A	C	S
M	G	E	K	S	L	K	J	N	V	N	N	V	I	I	I	T	Y
C	B	D	C	E	M	C	P	T	A	W	M	T	S	T	S	N	U
F	U	I	R	A	F	Q	I	M	A	M	X	A	A	I	R	C	Q
C	F	S	E	R	V	Z	X	D	E	E	T	M	T	E	D	Q	J
R	F	C	S	C	E	A	B	Q	S	S	S	N	T	X	O	F	M
I	E	O	T	H	I	U	X	E	A	I	E	S	E	O	W	G	G
D	R	V	E	E	P	N	T	E	R	I	A	H	M	F	B	Q	C
K	Z	E	D	R	Y	A	H	A	C	E	N	J	Y	X	C	L	A
G	O	R	T	S	B	T	H	S	D	P	P	T	Q	L	J	T	L
E	N	E	R	O	U	C	S	P	Z	Y	J	J	K	B	S	O	L
A	E	D	L	O	W	M	D	C	H	I	N	A	X	A	H	V	S
J	S	Y	S	C	A	B	A	L	A	N	C	E	F	O	Q	G	T
C	H	I	L	Z	K	N	C	Y	X	Q	C	A	N	O	P	Y	Y

Word Search #58 - Solution

F	P	P	T	Z	Y	T	P	C	G	C	X	Y	P	F	Q	X	P
K	A	F	H	P	C	B	M	R	H	J	N	X	H	O	J	G	L
E	N	O	O	I	Y	F	F	L	I	O	M	F	R	R	N	H	H
V	A	G	M	M	F	Y	R	B	E	M	R	D	O	P	N	G	G
O	P	T	O	O	Y	C	D	P	N	T	A	D	I	C	Y	E	O
L	N	F	T	T	A	I	L	L	E	S	S	T	A	U	R	R	H
U	A	O	M	N	I	V	O	R	O	U	S	W	E	T	P	L	P
T	N	M	E	S	V	G	O	R	I	L	L	A	E	S	A	F	W
I	T	Y	I	X	E	D	C	Y	V	K	T	S	G	C	D	T	O
O	H	Y	J	J	C	X	I	B	G	P	X	G	I	T	V	N	V
N	R	M	O	R	G	J	U	M	B	Q	O	T	C	M	P	N	T
A	O	B	W	J	L	H	N	A	O	O	I	N	J	C	X	Z	S
R	P	Q	C	S	Q	C	T	V	L	R	K	X	G	M	E	V	U
Y	O	K	M	D	N	K	T	Y	C	J	P	S	B	I	C	D	M
X	I	L	B	U	R	E	D	L	I	S	T	H	F	P	D	V	H
B	D	J	I	N	S	K	F	V	V	A	I	O	I	D	D	A	R
F	V	K	S	E	N	D	A	N	G	E	R	E	D	S	G	Q	E
N	K	L	H	O	M	I	N	I	D	A	E	R	T	Z	M	W	G

Word Search #59 - Solution

V	K	X	J	D	U	N	F	L	A	N	G	E	D	Y	I	X	M
V	H	P	S	G	Y	P	D	H	Z	P	K	P	E	I	Y	M	T
T	H	Y	H	G	H	O	G	O	V	K	S	A	I	V	R	T	I
F	Q	H	G	Z	D	N	Q	L	C	D	R	L	L	O	O	D	G
O	O	A	X	F	R	G	K	L	A	N	U	M	B	G	W	N	T
M	H	P	W	N	M	O	U	P	A	N	S	O	S	P	I	O	D
S	B	V	Z	I	X	F	K	R	A	D	L	I	M	H	H	E	F
E	U	S	H	U	R	E	T	P	B	F	D	L	C	S	G	R	N
E	R	J	M	E	E	A	A	S	Z	F	G	A	I	N	E	O	X
K	R	E	W	H	M	T	B	O	A	S	O	D	A	T	I	H	I
H	Q	O	C	U	S	K	J	L	T	P	D	L	H	T	K	T	N
O	P	C	S	U	P	E	N	I	D	E	F	W	A	S	T	O	N
G	E	Q	B	C	G	A	W	T	R	E	D	L	E	M	L	E	H
R	Y	L	A	N	E	Y	E	A	C	X	U	R	C	O	C	V	C
Z	X	C	A	N	X	M	D	R	W	P	I	D	M	F	K	D	H
D	G	R	R	I	S	U	D	Y	O	F	M	P	N	L	U	F	A
F	O	O	J	M	W	S	I	P	I	V	G	Q	U	P	X	O	U
X	B	E	E	N	D	A	N	G	E	R	E	D	A	L	Q	G	Q

Word Search #60 - Solution

T	S	O	V	E	R	P	O	P	U	L	A	T	I	O	N	R	S
U	G	O	J	W	B	O	A	B	H	H	R	L	Y	W	A	E	O
J	M	O	N	T	A	X	C	T	B	M	L	K	T	D	J	L	F
S	O	D	O	J	K	I	H	S	O	M	P	O	J	Z	T	A	D
L	U	F	B	D	T	J	D	R	O	J	L	W	P	G	O	T	O
C	H	D	U	E	A	N	T	O	H	A	L	P	H	A	O	I	M
S	U	G	N	O	U	L	M	L	X	C	I	X	J	K	L	V	H
U	E	E	U	I	Y	O	L	B	H	B	V	Q	S	H	S	E	U
Q	G	W	E	A	N	I	N	G	K	E	B	O	L	A	E	S	R
X	C	O	M	M	U	N	I	T	Y	F	I	Y	Q	B	Q	P	B
J	U	T	D	Y	L	M	G	A	O	M	N	I	V	O	R	E	U
Z	I	R	M	R	T	T	A	Y	W	I	T	E	A	Y	V	V	S
U	B	Z	D	E	F	O	R	E	S	T	A	T	I	O	N	S	H
E	O	K	J	U	V	G	V	Q	N	H	Q	O	Y	E	G	Y	M
O	T	X	R	A	C	O	N	F	L	I	C	T	H	A	A	R	E
W	I	R	O	N	W	O	O	D	L	J	L	A	D	B	O	M	A
H	S	Z	M	Q	Z	L	W	D	A	F	M	R	I	P	A	N	T
S	E	T	R	O	G	L	O	D	Y	T	E	S	M	S	Q	E	V

Word Search - Solutions

Word Search #61 - Solution

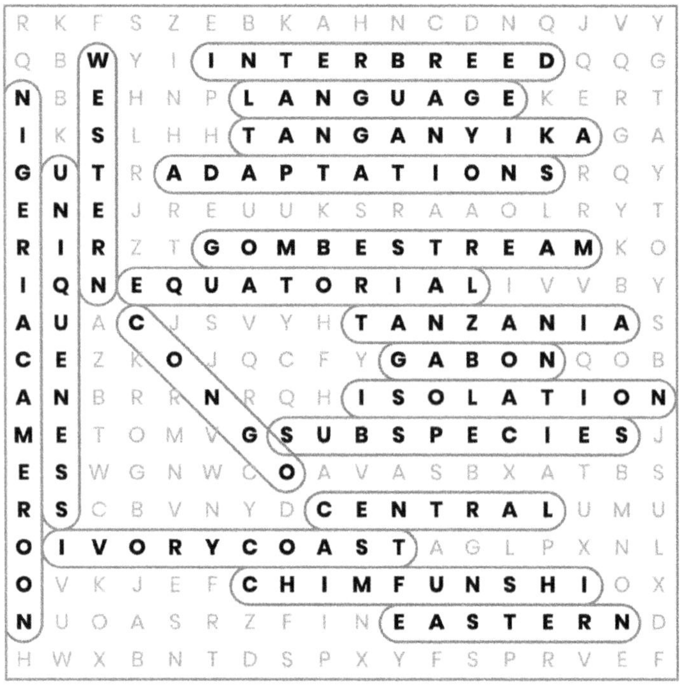

Word Search #62 - Solution

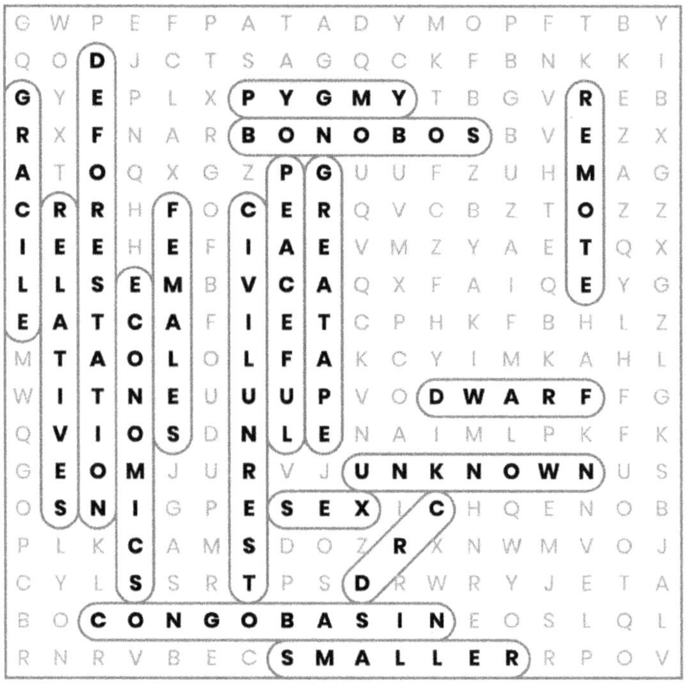

Word Search #63 - Solution

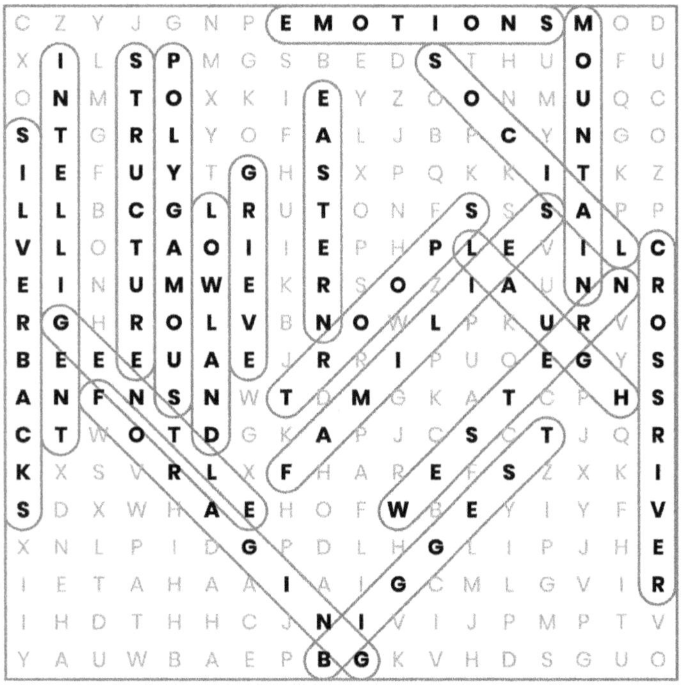

Word Search #64 - Solution

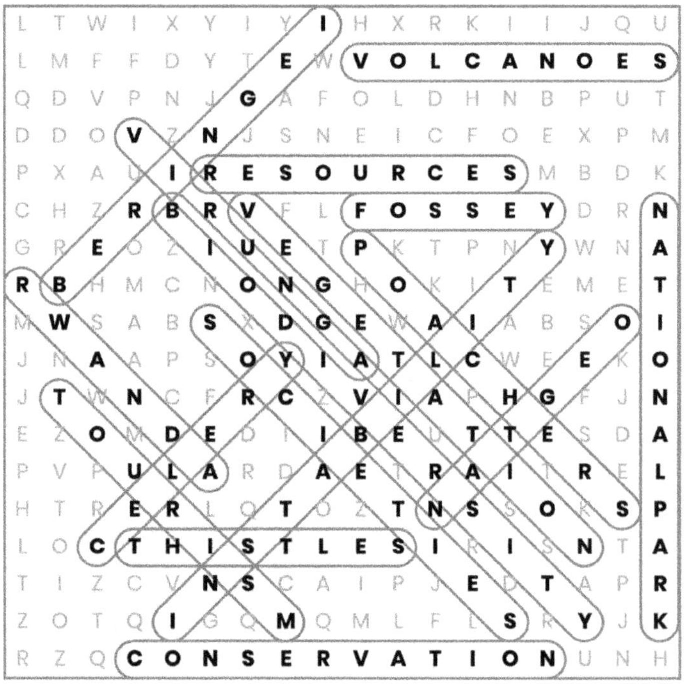

Word Scrambles - Solutions

Word Scramble #1 - Solution

Extremely Endangered Primates of Africa

P-TEIGIALD LGAUNR	PIG-TAILED LANGUR
DRONO RFDWA GGALAO	RONDO DWARF GALAGO
GELIBLNODEE-LD MEAAGNBY	GOLDEN-BELLIED MANGABEY
WGTH-IHHTEEID COULOBS	WHITE-THIGHED COLOBUS
SROEUHTN TPASA MKENOY	SOUTHERN PATAS MONKEY
NAAT RRIVE DRE CUBOOLS	TANA RIVER RED COLOBUS
WREESTN CPZNEMHAIE	WESTERN CHIMPANZEE
RLOAOWY MKENOY	ROLOWAY MONKEY
IRNGE ETALD EDR CLUOOBS	NIGER DELTA RED COLOBUS
NAIO-IREEAROCMGN HIMPC	NIGERIA-CAMEROON CHIMP
KPUNJII	KIPUNJI

Word Scrambles - Solutions

Word Scrambles #2 - Solution

Extremely Endangered Primates of Madagascar

EAY EAY	AYE AYE
MBAMNOO SOTVRPIE EULRM	MANOMBO SPORTIVE LEMUR
JSAME' STIVRPOE RMLEU	JAMES' SPORTIVE LEMUR
BASAEMNY OSMEU MRUEL	BEMANASY MOUSE LEMUR
KSYLI SFKIAA	SILKY SIFAKA
MMADAE BH'ERTES SUEOM ERLMU	MADAME BERTHE'S MOUSE LEMUR
CLA ARTALOA BBAOMO MUERL	LAC ALAOTRA BAMBOO LEMUR
CLOE'UQERS SFKIAA	COQUEREL'S SIFAKA
DIRNI	INDRI
SHRAAAFY SOVIRPTE RULME	SAHAFARY SPORTIVE LEMUR
BYEELUE-D ACKBL EMRLU	BLUE-EYED BLACK LEMUR

Word Scrambles - Solutions

Word Scrambles #3 - Solution

Extremely Endangered Primates of Asia

GEDOLN LGAUNR	GOLDEN LANGUR
AYRG SNB-NSEOUD MEKONY	GRAY SNUB-NOSED MONKEY
CO-VIAT GBOIBN	CAO-VIT GIBBON
ANJVA LOWS OILSR	JAVAN SLOW LORIS
TAALUPNI OUNTAARGN	TAPANULI ORANGUTAN
GADEEENLD-OHD LNGUAR	GOLDEN-HEADED LANGUR
TNAALPUI ONRATGAUN	TAPANULI ORANGUTAN
TKINON SSN-UEBOND MKENOY	TONKIN SNUB-NOSED MONKEY
SGINHAE TESARIR	SANGIHE TARSIER
HANAIN GOBIBN	HAINAN GIBBON
PALGIETI-D LUANGR	PIG-TAILED LANGUR
REAFFSL' BEDAND LUANGR	RAFFLES' BANDED LANGUR
PFULERCPEA-D LNGUAR	PURPLE-FACED LANGUR
GOLIGANOG HOLCOOK	GAOLIGONG HOOLOCK

Word Scrambles - Solutions

Word Scrambles #4 - Solution

Extremely Endangered Primates of Central & South America

WONRB HWEOLR MEONKY	BROWN HOWLER MONKEY
DPIE TRAAIMN	PIED TAMARIN
B-EUFAEHYFDD MMSRAEOT	BUFFY-HEADED MARMOSET
MUURIQI	MURIQUI
BNEO-ERAWHDD SDPEIR MNKEOY	BROWN-HEADED SPIDER MONKEY
KOPAA'R CHICPUAN	KA'APOR CAPUCHIN
GYFOO'RFES SEPIDR MKENOY	GEOFFROY'S SPIDER MONKEY
OAL'ALLS ITIT	OLALLA'S TITI
YTEWLIEAL-OLD WOLLOY MEKONY	YELLOW-TAILED WOOLLY MONKEY
B-FETYEFAUD-FUTR MSMAREOT	BUFFY-TUFTED-EAR MARMOSET
EOCRAAUDIN CCUAHIPN	ECUADORIAN CAPUCHIN
GSERVO' ITIT MNEOKY	GROVES' TITI MONKEY

Word Scrambles - Solutions

Word Scrambles #5 - Solution

Old World Monkeys: Cercopithecids Sampler

SUMITAPTL MUAQACE	STUMPTAIL MACAQUE
EOVLI BOABON	OLIVE BABOON
BTTIE MEKONY	TIBET MONKEY
SASLEUWI MAUCAQE	SULAWESI MACAQUE
OWNS MKOENY	SNOW MONKEY
HYAAADMRS BBOOAN	HAMADRYAS BABOON
AELN'LS MSWPA MKOENY	ALLEN'S SWAMP MONKEY
MSECTHUAD MKENOY	MUSTACHED MONKEY
OCDU LGAUNR	DOUC LANGUR
PICROOBSS MKENOY	PROBOSCIS MONKEY
BABRRAY PEA	BARBARY APE
CIESNHE GDELON MNKEOY	CHINESE GOLDEN MONKEY
LCBKA NDA TIWEH COBUOLS	BLACK AND WHITE COLOBUS
TSYOO MEBNGAAY	SOOTY MANGABEY
CBITAA-NREG MAUQCAE	CRAB-EATING MACAQUE
CBELEES KCLBA PEA	CELEBES BLACK APE
BNENOT MEKONY	BONNET MONKEY

Word Scrambles - Solutions

Word Scrambles #6 - Solution

Primates of Tanzania Roundup

YOLELW BOOBAN	YELLOW BABOON
NTEHRORN GTAREER GLGAAO	NORTHERN GREATER GALAGO
GEE-RYECHEKD MBAEGANY	GREY-CHEEKED MANGABEY
SAEENGL BAUBSHBY	SENEGAL BUSHBABY
KPJIUNI	KIPUNJI
EEARTSN CMPINHEAZE	EASTERN CHIMPANZEE
VVEERT MNKEOY	VERVET MONKEY
ATPSA MEONKY	PATAS MONKEY
OBWNR GEREATR GLGAAO	BROWN GREATER GALAGO
NRDOO BABUHBSY	RONDO BUSHBABY
PCRINE DFIOE'MFDS BSBAUBHY	PRINCE DEMIDOFF'S BUSHBABY
IVEOL BOOBAN	OLIVE BABOON
UDNAAGN EDR CBULOOS	UGANDAN RED COLOBUS
SKESY' MKOENY	SYKES' MONKEY
CMOMON CZHINPEAME	COMMON CHIMPANZEE
EBLU MEONKY	BLUE MONKEY
RALIEEDT-D MEONKY	RED-TAILED MONKEY

Word Scrambles - Solutions

Word Scrambles #7 - Solution

Primates of West Africa Part 1

WSRETEN DRE COBUOLS	WESTERN RED COLOBUS
COMOMN CNHAZEMIPE	COMMON CHIMPANZEE
REAEER-DD GNUOEN	RED-EARED GUENON
TYOOS MGAEANBY	SOOTY MANGABEY
CAAALBR AANBTGWNIO	CALABAR ANGWANTIBO
LSEESR STOEPOS-ND MKENOY	LESSER SPOT-NOSED MONKEY
NADAI MNKEOY	DIANA MONKEY
CL'MALPBES NAOM MKENOY	CAMPBELL'S MONA MONKEY
MDAILRNL	MANDRILL
VIELO BOOABN	OLIVE BABOON
ENERG MEONKY	GREEN MONKEY
IGKN CUOOLBS	KING COLOBUS
TNTALUAS MEONKY	TANTALUS MONKEY
MLAINAND RILDL	MAINLAND DRILL
WSTREEN LANOWLD GLIOLRA	WESTERN LOWLAND GORILLA
SGAENEL BAHUBBSY	SENEGAL BUSHBABY
TSWE AAFRICN OTOPT	WEST AFRICAN POTTO

Word Scrambles - Solutions

Word Scrambles #8 - Solution

Primates of West Africa Part 2

NLWEALCDEE-ED BBHBASUY	NEEDLE-CLAWED BUSHBABY
AMONS HL'LIS MEAABGNY	OSMAN HILL'S MANGABEY
VOEIL CBOULOS	OLIVE COLOBUS
WETERSN CEHIZPAMNE	WESTERN CHIMPANZEE
MASCUHOETD GENOUN	MOUSTACHED GUENON
ASFEL OTTPO	FALSE POTTO
SSROC VREIR BABBUHSY	CROSS RIVER BUSHBABY
GEOLDN AWTINBNGAO	GOLDEN ANGWANTIBO
WTEERSN GILROLA	WESTERN GORILLA
TSAAP MKENOY	PATAS MONKEY
PINCRE D'DEFIFOMS BBBUSHAY	PRINCE DEMIDOFF'S BUSHBABY
GNEIUA BOAOBN	GUINEA BABOON
CERESTD AMON MEONKY	CRESTED MONA MONKEY
OCSRS VRIRE GILLROA	CROSS RIVER GORILLA
PSREU'SS MKOENY	PREUSS'S MONKEY
METANLD GZRUEEA	MANTLED GUEREZA

Word Scrambles - Solutions

Word Scrambles #9 - Solution

Primates of Thailand Mixer

TRSEESNIAM LUUNTG	TENASSERIM LUTUNG
BDENAD LNGUAR	BANDED LANGUR
CE-ATBINRAG MAUQCAE	CRAB-EATING MACAQUE
WIEHHEHGTTI-D SRILUI	WHITE-THIGHED SURILI
YSDUK LNGUAR	DUSKY LANGUR
RSUEHS MAUQCAE	RHESUS MACAQUE
BDENAD SLIURI	BANDED SURILI
BGEANL WSLO RLSOI	BENGAL SLOW LORIS
GMENR'IAS LUANGR	GERMAIN'S LANGUR
IHENICDNSOE YGRA LGAUNR	INDOCHINESE GRAY LANGUR
W-EDHHINTEAD GOIBBN	WHITE-HANDED GIBBON
SANAIMG	SIAMANG
IEGAL GOBIBN	AGILE GIBBON
S-PLIEADEUTTMD MQAUCAE	STUMPED-TAILED MACAQUE
NHROERTN PE-TALIGD MQAUCAE	NORTHERN PIG-TALED MACAQUE
UNDAS OSWL OSLRI	SUNDA SLOW LORIS
PEITLEAD GBOBIN	PILEATED GIBBON

Word Scrambles - Solutions

Word Scrambles #10 - Solution

Primates of China Mixer

REUHSS MCUQAAE	RHESUS MACAQUE
IMRNDTTEEIAE LWSO LIEROSS	INTERMEDIATE SLOW LORISES
CPPEAD LUNTUG	CAPPED LUTUNG
IDESICNNOHE YAGR LNGUAR	INDOCHINESE GRAY LANGUR
TETBAIN MEQUAACS	TIBETAN MACAQUES
WHTEKEEIEHC-D GBNBIOS	WHITE-CHEEKED GIBBONS
NTRREOHN PGLIETAI-D MUACAQE	NORTHERN PIG-TAILED MACAQUE
OCA TVI CETESRD GBBONIS	CAO VIT CRESTED GIBBONS
ASMEASSE MQUCAEAS	ASSAMESE MACAQUES
LCBKA CSREETD GBNBIOS	BLACK CRESTED GIBBONS
YAUNNN SENNSO-UBD MKYENOS	YUNNAN SNUB-NOSED MONKEYS
HIAANN BSTRECLKA-ECD GOBIBN	HAINAN BLACK-CRESTED GIBBON
SI-UTEMLATPD MCAUAQE	STUMP-TAILED MACAQUE
HYLMAAAIN YAGR LNGUAR	HIMALAYAN GRAY LANGUR
SYKELWAKR HOCOLOK GOIBBN	SKYWALKER HOOLOCK GIBBON
BGEANL LOWS ORISL	BENGAL SLOW LORIS
WEEA-TDEHIHD LUANGR	WHITE-HEADED LANGUR

Word Scrambles - Solutions

Word Scrambles #11 - Solution

New World Monkey Genus Selection

HEOWLR MEKYNOS	HOWLER MONKEYS
SIDEPR MEONYKS	SPIDER MONKEYS
WLOOLY SIEPDR MEYNKOS	WOOLLY SPIDER MONKEYS
WLOOLY MYKEONS	WOOLLY MONKEYS
GNHTI MNEYKOS	NIGHT MONKEYS
G'DEIOLS MNKEOY	GOELDI'S MONKEY
MEARTOSMS	MARMOSETS
YGPYM MEOASMRT	PYGMY MARMOSET
ONIL TNAIMARS	LION TAMARINS
TNIRMAAS	TAMARINS
MESTAOMRS	MARMOSETS
RUOSBT CUAIHPCN MNKYOES	ROBUST CAPUCHIN MONKEYS
SIRUEQRL MNKEYOS	SQUIRREL MONKEYS
ITIT MKYNOES	TITI MONKEYS
URIKAAS	UAKARIS
BEDERAD AKIS MYEOKNS	BEARDED SAKI MONKEYS
AISK MKOEYNS	SAKI MONKEYS

Word Scrambles - Solutions

Word Scrambles #12 - Solution

Primates of Brazil Sampler

IYSON IGHTN MKOENY	NOISY NIGHT MONKEY
PPPGO'IES WLOLOY MKENOY	POEPPIG'S WOOLLY MONKEY
WRHIWEET-HIEKSD SEPIDR	WHITE-WHISKERED SPIDER
BAKAEECLD-HD UARKAI	BLACK-HEADED UAKARI
CSTERED CCHPIAUN	CRESTED CAPUCHIN
GOAL OD BISTTAPA ITIT	LAGO DO BAPTISTA TITI
DPIE BRFAECA-E TAAIMRN	PIED BARE-FACE TAMARIN
TA-ASRLSEEED MOERMAST	TASSEL-EARED MARMOSET
ORI CRÍAA MRMOEAST	RIO ACARÍ MARMOSET
STOERHUN MUUQRII	SOUTHERN MURIQUI
S'XPIS SLB-ADEACDK TAARIMN	SPIX'S SADDLE-BACK TAMARIN
BIILAVON SERRIQUL MEONKY	BOLIVIAN SQUIRREL MONKEY
WEES-NHIOTD BEDERAD AISK	WHITE-NOSED BEARDED SAKI
DUOFBUTL TIIT	DOUBTFUL TITI
R-EEDDHNAD HNLOWIG MEKONY	RED-HANDED HOWLING MONKEY
K'APOAR CHICAPUN	KA'APOR CAPUCHIN
MF-LCATETOE TRAAIMN	MOTTLE-FACE TAMARIN

Word Scrambles - Solutions

Word Scrambles #13 - Solution

Primates of Central America

YATÁUCN LAKBC HLEWOR MNKEOY	YUCATÁN BLACK HOWLER MONKEY
CBIAOOMLN SDPEIR MKENOY	COLOMBIAN SPIDER MONKEY
BCAIO IASNLD HWLEOR	COIBA ISLAND HOWLER
GF'FYEROOS TMAIARN	GEOFFROY'S TAMARIN
MTALEND HELOWR MNKEOY	MANTLED HOWLER MONKEY
WAF-IETCEHD CUACHIPN	WHITE-FACED CAPUCHIN
CRANTEL AIMACREN SERRUQIL	CENTRAL AMERICAN SQUIRREL
BE-ALACEKHDD SDPEIR MKENOY	BLACK-HEADED SPIDER MONKEY
PNAINMAAAN IHTGN MKOENY	PANAMANIAN NIGHT MONKEY
GOOE'YFFRS SEDPIR MNEOKY	GEOFFROY'S SPIDER MONKEY

Word Scrambles - Solutions

Word Search #14 - Solution

Itty-Bitty Primates

CMOOMN MEARSMOT	COMMON MARMOSET
SEQUIRRL MNEOKY	SQUIRREL MONKEY
RENMLO'SAOS RDWFA MOARSEMT	ROOSMALEN'S DWARF MARMOSET
GLELRAS TIAAMRN	GRAELLS TAMARIN
CN-TOOOTTP TIRAAMN	COTTON-TOP TAMARIN
SVRELIY MMESAROT	SILVERY MARMOSET
KYDUS TIIT	DUSKY TITI
TOPIALAN MNEOKY	TALAPOIN MONKEY
SRATPECL TEAIRSR	SPECTRAL TARSIER
LOW MNEOKY	OWL MONKEY
GPMYY MMOEARST	PYGMY MARMOSET
PPIHIPNLIE TRSIEAR	PHILIPPINE TARSIER
SVRELIY MRESAOMT	SILVERY MARMOSET
GLSAE'LRS TAAIMRN	GRAELLS'S TAMARIN
LBOOH TRSIRAES	BOHOL TARSIERS

Word Scrambles - Solutions

Word Scrambles #15 - Solution

Eye-Opening Primatologists, Anthropologists & More

AEDM EJAN MRIROS GOLODAL	DAME JANE MORRIS GOODALL
DTHROOY CENHEY	DOROTHY CHENEY
ASITUGN FETUENS	AGUSTIN FUENTES
RARICHD WLEATR WAARHNGM	RICHARD WALTER WRANGHAM
ANID FSEOSY	DIAN FOSSEY
RSELUSL NALA MMEIEERTTIR	RUSSELL ALAN MITTERMEIER
ASHRA BFEAFLR DYRH	SARAH BLAFFER HRDY
SIRLEHY MSUTR	SHIRLEY STRUM
BRUTIE AYMR GLAIADKS	BIRUTE MARY GALDIKAS
SANFR ED AWLA	FRANS DE WAAL
AISOLN LJOYL	ALISON JOLLY
COLRUAS LNUAINES	CAROLUS LINNAEUS
RROBET MNEARS YKEERS	ROBERT MEARNS YERKES
OILSU DAN AYMR LAEEKY	LOUIS AND MARY LEAKEY

science
Zoology
Word Searches & Games for the Naturalist's Soul
ADULT
LARGE PRINT
ANSWERS INCLUDED

science
Mammalogy
101 Word Search Puzzles for the Naturalist's Soul
ADULT
LARGE PRINT
ANSWERS INCLUDED

science
Ornithology
112
Word Search Puzzles for the Bird Lover's Soul
ADULT
LARGE PRINT
ANSWERS INCLUDED

science
Herpetology
Word Search Puzzles for the Naturalist's Soul
#1 Iguanidae Meetup
ADULT
LARGE PRINT
ANSWERS INCLUDED
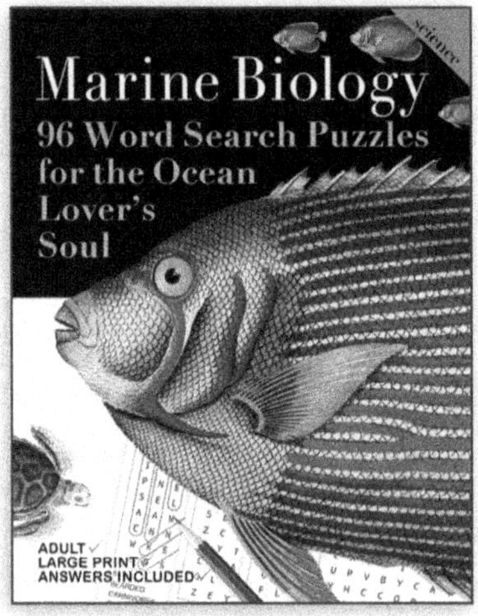
science
Marine Biology
96 Word Search Puzzles for the Ocean Lover's Soul
ADULT
LARGE PRINT
ANSWERS INCLUDED

science
Invertebrates
Entomology, Arachnology, Malacology, Carcinology...
92 Word Search Puzzles for the Naturalist's Soul
Migrations
The Bee Team
ADULT
LARGE PRINT
ANSWERS INCLUDED

USA Travel
WORD
SEARCHES
LAS VEGAS
103 Word Search Puzzles for Adventurous Souls
USA National Parks
ADULT
LARGE PRINT
ANSWERS INCLUDED
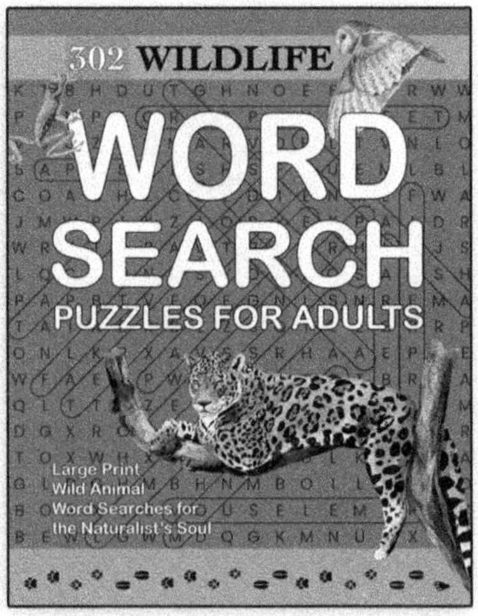
302 WILDLIFE
WORD
SEARCH
PUZZLES FOR ADULTS
Large Print
Wild Animal
Word Searches for the Naturalist's Soul
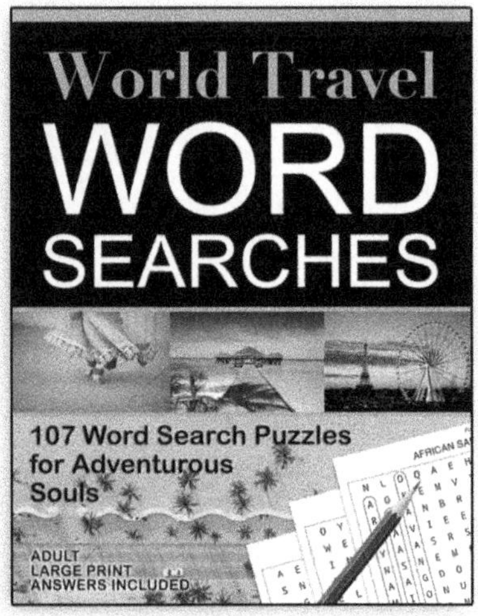
World Travel
WORD
SEARCHES
107 Word Search Puzzles for Adventurous Souls
ADULT
LARGE PRINT
ANSWERS INCLUDED

Discover these great activity books by
Nola Lee Kelsey
www.SoggyNomadPress.com

The Crazy Cat Lady's
ACTIVITY BOOK for Adults
An Amazon "Top 100" Seller
The Crazy Cat Lady's
Coloring Book for Adults
The Crazy Cat Lady's
2024 Weekly Planner
Get organized! Stay fluffy!
Brain Food for Relaxation & Fun
CANINE CRAZY
Activity Book for Adults Who Love Dogs
Domestic & Wild Canine Puzzle Games
Word Searches Crosswords Cryptograms Scrambles
Double Puzzles Coloring Pages Mazes & more
SNARKY CATS Stealing QUOTES
COLORING BOOK FOR Adults
Irreverent Humor and Relaxation for the Crazy Cat Lady (or Man) Who Just Needs to Chill the Fluff Out
Sloth-Mania
Wild Animal
Coloring Book for Adults
Mythical & Magical
CREATURES
Activity Book for Adults
Cute Baby
WILD ANIMALS
Coloring Book for Kids
POOPING ANIMALS
MAZE
Puzzle Book for Adults

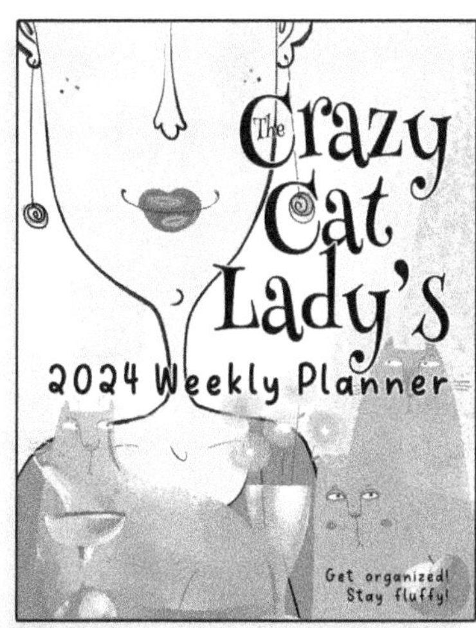

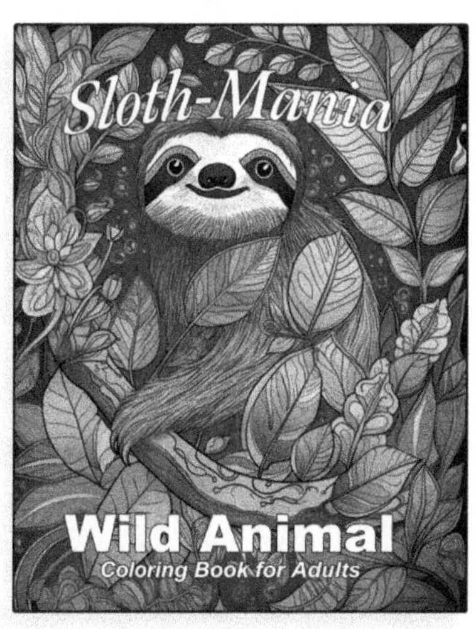

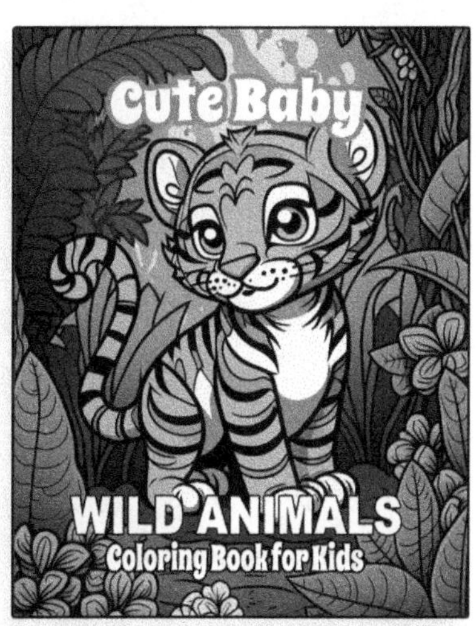

Help Support a Small Press

Did you enjoy your 'Primatology' activity book? Please tell others. Show it to friends, share links & post honest reviews. Thank you!

www.ingramcontent.com/pod-product-compliance
Lightning Source LLC
Chambersburg PA
CBHW052115020426
42335CB00021B/2774
* 9 7 8 1 9 5 7 5 3 2 3 6 3 *